प्रतिध्वनि और छाया
(सम्पूर्ण कहानी संग्रह)

LECTOR HOUSE PUBLIC DOMAIN WORKS

प्रतिध्वनि और छाया
(सम्पूर्ण कहानी संग्रह)

जयशंकर प्रसाद

ISBN: 978-93-90112-64-7

Published: -

© 2020
LECTOR HOUSE LLP

LECTOR HOUSE LLP
E-MAIL: lectorpublishing@gmail.com

प्रतिध्वनि और छाया
(सम्पूर्ण कहानी संग्रह):
प्रतिध्वनि (कहानी संग्रह), छाया (कहानी संग्रह)

जयशंकर प्रसाद

अनुक्रम

प्रतिध्वनि और छाया (सम्पूर्ण कहानी संग्रह)

प्रतिध्वनि
(कहानी संग्रह)

प्रसाद

मधुप अभी किसलय-शय्या पर, मकरन्द-मदिरा पान किये सो रहे थे। सुन्दरी के मुख-मण्डल पर प्रस्वेद बिन्द के समान फूलों के ओस अभी सूखने न पाये थे। अरुण की स्वर्ण-किरणों ने उन्हें गरमी न पहुँचायी थी। फूल कुछ खिल चुके थे! परन्तु थे अर्ध-विकसित। ऐसे सौरभपूर्ण सुमन सवेरे ही जाकर उपवन से चुन लिये थे। पर्ण-पुट का उन्हें पवित्र वेष्टन देकर अञ्चल में छिपाये हुए सरला देव-मन्दिर में पहुँची। घण्टा अपने दम्भ का घोर नाद कर रहा था। चन्दन और केसर की चहल-पहल हो रही थी। अगुरु-धूप-गन्ध से तोरण और प्राचीर परिपूर्ण था। स्थान-स्थान पर स्वर्ण-श्रृंगार और रजत के नैवेद्य-पात्र, बड़ी-बड़ी आरतियाँ, फूल-चंगेर सजाये हुए धरे थे। देव-प्रतिमा रत्न-आभूषणों से लदी हुई थी।

सरला ने भीड़ में घुस कर उसका दर्शन किया और देखा कि वहाँ मल्लिका की माला, पारिजात के हार, मालती की मालिका, और भी अनेक प्रकार के सौरभित सुमन देव-प्रतिमा के पदतल में विकीर्ण हैं। शतदल लोट रहे हैं और कला की अभिव्यक्तिपूर्ण देव-प्रतिमा के ओष्ठाधार में रत्न की ज्योति के साथ बिजली-सी मुसक्यान-रेखा खेल रही थी, जैसे उन फूलों का उपहास कर रही हो। सरला को यही विदित हुआ कि फूलों की यहाँ गिनती नहीं, पूछ नहीं। सरला अपने पाणि-पल्लव में पर्णपुट लिये कोने में खड़ी हो गयी।

भक्तवृन्द अपने नैवेद्य, उपहार देवता को अर्पण करते थे, रत्न-खण्ड, स्वर्ण-मुद्राएँ देवता के चरणों में गिरती थीं। पुजारी भक्तों को फल-फूलों का प्रसाद देते थे। वे प्रसन्न होकर जाते थे। सरला से न रहा गया। उसने अपने अर्ध-विकसित फूलों का पर्ण-पुट खोला भी नहीं। बड़ी लज्जा से, जिसमें कोई देखे नहीं, ज्यों-का-त्यों, फेंक दिया; परन्तु वह गिरा ठीक देवता के चरणों पर। पुजारी ने सब की आँख बचा कर रख लिया। सरला फिर कोने में जाकर खड़ी हो गयी। देर तक दर्शकों का आना, दर्शन करना, घण्टे का बजाना, फूलों का रौंद, चन्दन-केसर की कीच और रत्न-स्वर्ण की क्रीड़ा होती रही। सरला चुपचाप खड़ी देखती रही।

शयन आरती का समय हुआ। दर्शक बाहर हो गये। रत्न-जटित स्वर्ण आरती लेकर पुजारी ने आरती आरम्भ करने के पहले देव-प्रतिमा के पास के फूल हटाये। रत्न-आभूषण उतारे, उपहार के स्वर्ण-रत्न बटोरे। मूर्ति नग्न और विरल-श्रृंगार थी। अकस्मात् पुजारी का ध्यान उस पर्ण-पुट की ओर गया। उसने खोल कर उन थोड़े-से अर्ध-विकसित कुसुमों को, जो अवहेलना से सूखा ही चाहते थे, भगवान् के नग्न शरीर पर यथावकाश सजा दिया। कई जन्म का अतृप्त शिल्पी ही जैसे पुजारी होकर आया है। मूर्ति की पूर्णता का उद्योग कर रहा है। शिल्पी की शेष कला की पूर्ति हो गयी। पुजारी विशेष भावापन्न होकर आरती करने लगा। सरला को देखकर भी किसी ने न देखा, न पूछा कि 'तुम इस समय मन्दिर में क्यों हो?'

आरती हो रही थी, बाहर का घण्टा बज रहा था। सरला मन में सोच रही थी, मैं दो-चार फूल-पत्ते ही लेकर आयी। परन्तु चढ़ाने का, अर्पण करने का हृदय में गौरव था। दान की सो भी किसे! भगवान को! मन में उत्साह था। परन्तु हाय! 'प्रसाद' की आशा ने, शुभ कामना के बदले की लिप्सा ने मुझे छोटा बनाकर अभी तक रोक रक्खा। सब दर्शक चले गये, मैं खड़ी हूँ, किस लिए। अपने उन्हीं अर्पण

किये हुए दो-चार फूल लौटा लेने के लिए, "तो चलूँ।"

अकस्मात् आरती बन्द हुई। सरला ने जाने के लिए आशा का उत्सर्ग करके एक बार देव-प्रतिमा की ओर देखा। देखा कि उसके फूल भगवान के अंग पर सुशोभित हैं। वह ठिठक गयी। पुजारी ने सहसा घूम कर देखा और कहा,-"अरे तुम! अभी यहीं हो, तुम्हें प्रसाद नहीं मिला, लो।" जान में या अनजान में, पुजारी ने भगवान् की एकावली सरला के नत गले में डाल दी! प्रतिमा प्रसन्न होकर हँस पड़ी।

गूदड़ साईं

"साईं! ओ साईं!!" एक लड़के ने पुकारा। साईं घूम पड़ा। उसने देखा कि एक 8 वर्ष का बालक उसे पुकार रहा है।

आज कई दिन पर उस मुहल्ले में साईं दिखलाई पड़ा है। साईं वैरागी था,-माया नहीं, मोह नहीं। परन्तु कुछ दिनों से उसकी आदत पड़ गयी थी कि दोपहर को मोहन के घर जाना, अपने दो-तीन गन्दे गूदड़ यत्न से रख कर उन्हीं पर बैठ जाता और मोहन से बातें करता। जब कभी मोहन उसे गरीब और भिखमंगा जानकर माँ से अभिमान करके पिता की नजर बचाकर कुछ साग-रोटी लाकर दे देता, तब उस साईं के मुख पर पवित्र मैत्री के भावों का साम्राज्य हो जाता। गूदड़ साईं उस समय 10 बरस के बालक के समान अभिमान, सराहना और उलाहना के आदान-प्रदान के बाद उसे बड़े चाव से खा लेता; मोहन की दी हुई एक रोटी उसकी अक्षय-तृप्ति का कारण होती।

एक दिन मोहन के पिता ने देख लिया। वह बहुत बिगड़े। वह थे कट्टर आर्यसमाजी, 'ढोंगी फकीरों पर उनकी साधारण और स्वाभाविक चिढ़ थी।' मोहन को डाँटा कि वह इन लोगों के साथ बातें न किया करे। साईं हँस पड़ा, चला गया।

उसके बाद आज कई दिन पर साईं आया और वह जान-बूझकर उस बालक के मकान की ओर नहीं गया; परन्तु पढ़कर लौटते हुए मोहन ने उसे देखकर पुकारा और वह लौट भी आया।

"मोहन!"

"तुम आजकल आते नहीं?"

"तुम्हारे बाबा बिगड़ते थे।"

"नहीं, तुम रोटी ले जाया करो।"

"भूख नहीं लगती।"

"अच्छा, कल जरूर आना; भूलना मत!"

इतने में एक दूसरा लडक़ा साईं का गूदड़ खींचकर भागा। गूदड़ लेने के लिए साईं उस लड़के के पीछे दौड़ा। मोहन खड़ा देखता रहा, साईं आँखों से ओझल हो गया।

चौराहे तक दौड़ते-दौड़ते साईं को ठोकर लगी, वह गिर पड़ा। सिर से खून बहने लगा। खिझाने के लिए जो लडक़ा उसका गूदड़ लेकर भागा था, वह डर से ठिठका रहा। दूसरी ओर से मोहन के पिता ने उसे पकड़ लिया, दूसरे हाथ से साईं को पकड़ कर उठाया। नटखट लड़के के सर पर चपत पड़ने लगी; साईं उठकर खड़ा हो गया।

"मत मारो, मत मारो, चोट आती होगी!" साईं ने कहा-और लड़के को छुड़ाने लगा! मोहन के पिता ने साईं से पूछा-"तब चीथड़े के लिए दौड़ते क्यों थे?"

सिर फटने पर भी जिसको रुलाई नहीं आयी थी, वह साईं लड़के को रोते देखकर रोने लगा। उसने कहा-"बाबा, मेरे पास, दूसरी कौन वस्तु है, जिसे देकर इन 'रामरूप' भगवान को प्रसन्न करता!"

"तो क्या तुम इसीलिए गूदड़ रखते हो?"

"इस चीथड़े को लेकर भागते हैं भगवान् और मैं उनसे लड़कर छीन लेता हूँ; रखता हूँ फिर उन्हीं से छिनवाने के लिए, उनके मनोविनोद के लिए। सोने का खिलौना तो उचक्के भी छीनते हैं, पर चीथड़ों पर भगवान् ही दया करते हैं!" इतना कहकर बालक का मुँह पोंछते हुए मित्र के समान गलबाँही डाले हुए साईं चला गया।

मोहन के पिता आश्चर्य से बोले-"गूदड़ साईं! तुम निरे गूदड़ नहीं; गुदड़ी के लाल हो!!"

गुदड़ी में लाल

दीर्घ निश्वासों का क्रीड़ा-स्थल, गर्म-गर्म आँसुओं का फूटा हुआ पात्र! कराल काल की सारंगी, एक बुढ़िया का जीर्ण कंकाल, जिसमें अभिमान के लय में करुणा की रागिनी बजा करती है।

अभागिनी बुढ़िया, एक भले घर की बहू-बेटी थी। उसे देखकर दयालु वयोवृद्ध, हे भगवान! कहके चुप हो जाते थे। दुष्ट कहते थे कि अमीरी में बड़ा सुख लूटा है। नवयुवक देश-भक्त कहते थे, देश दरिद्र है; खोखला है। अभागे देश में जन्मग्रहण करने का फल भोगती है। आगामी भविष्य की उज्ज्वलता में विश्वास रखकर हृदय के रक्त पर सन्तोष करे। जिस देश का भगवान् ही नहीं; उसे विपत्ति क्या! सुख क्या!

परन्तु बुढ़िया सबसे यही कहा करती थी-”मैं नौकरी करूँगी। कोई मेरी नौकरी लगा दो।” देता कौन? जो एक घड़ा जल भी नहीं भर सकती, जो स्वयं उठ कर सीधा खड़ी नहीं हो सकती थी, उससे कौन काम कराये? किसी की सहायता लेना पसन्द नहीं, किसी की भिक्षा का अन्न उसके मुख में पैठता ही न था। लाचार होकर बाबू रामनाथ ने उसे अपनी दुकान में रख लिया। बुढ़िया की बेटी थी, वह दो पैसे कमाती थी। अपना पेट पालती थी, परन्तु बुढ़िया का विश्वास था कि कन्या का धन खाने से उस जन्म में बिल्ली, गिरगिट और भी क्या-क्या होता है। अपना-अपना विश्वास ही है, परन्तु धार्मिक विश्वास हो या नहीं, बुढ़िया को अपने आत्माभिमान का पूर्ण विश्वास था। वह अटल रही। सर्दी के दिनों में अपने ठिठुरे हुए हाथ से वह अपने लिए पानी भर के रखती। अपनी बेटी से सम्भवत: उतना ही काम कराती, जितना अमीरी के दिनों में कभी-कभी उसे अपने घर बुलाने पर कराती।

बाबू रामनाथ उसे मासिक वृत्ति देते थे। और भी तीन-चार पैसे उसे चबेनी के, जैसे और नौकरों को मिलते थे, मिला करते थे। कई बरस बुढ़िया के बड़ी प्रसन्नता से कटे। उसे न तो दुःख था और न सुख। दुकान में झाड़ू लगाकर उसकी बिखरी हुई चीजों को बटोरे रहना और बैठे-बैठे थोड़ा-घना जो काम हो, करना बुढ़िया का दैनिक कार्य था। उससे कोई नहीं पूछता था कि तुमने कितना काम किया। दुकान के और कोई नौकर यदि दुष्टतावश उसे छेड़ते भी थे, तो रामनाथ उन्हें डाँट देता था।

वसन्त, वर्षा, शरद और शिशिर की सन्ध्या में जब विश्व की वेदना, जगत् की थकावट, धूसर चादर में मुँह लपेट कर क्षितिज के नीरव प्रान्त में सोने जाती थी; बुढ़िया अपनी कोठरी में लेट रहती। अपनी कमाई के पैसे से पेट भरकर, कठोर पृथ्वी की कोमल रोमावली के समान हरी-हरी दूब पर भी लेट रहना किसी-किसी के सुखों की संख्या है, वह सबको प्राप्त नहीं। बुढ़िया धन्य हो जाती थी, उसे सन्तोष होता।

एक दिन उस दुर्बल, दीन, बुढ़िया को बनिये की दुकान में लाल मिरचे फटकना पड़ा। बुढ़िया ने किसी-किसी कष्ट से उसे सँवारा। परन्तु उसकी तीव्रता वह सहन न कर सकी। उसे मूर्च्छा आ गयी। रामनाथ ने देखा, और देखा अपने कठोर ताँबे के पैसे की ओर। उसके हृदय ने धिक्कारा, परन्तु अन्तरात्मा ने ललकारा। उस बनिया रामनाथ को साहस हो गया। उसने सोचा, क्या इस बुढ़िया को 'पिन्सिन' नहीं दे सकता? क्या उनके पास इतना अभाव है? अवश्य दे सकता है। उसने मन में निश्चय किया। ”तुम बहुत थक गयी हो, अब तुमसे काम नहीं हो सकता।” बुढ़िया के देवता कूच कर गये। उसने कहा-”नहीं नहीं, अभी तो मैं अच्छी तरह काम कर लेती हूँ।” ”नहीं, अब तुम काम करना बन्द

कर दो, मैं तुमको घर बैठे दिया करूँगा।"

"नहीं बेटा! अभी तुम्हारा काम मैं अच्छा-भला किया करूँगी।" बुढ़िया के गले में काँटे पड़ गये थे। किसी सुख की इच्छा से नहीं, पेन्शन के लोभ से भी नहीं। उसके मन में धक्का लगा। वह सोचने लगी-"मैं बिना किसी काम के किये इसका पैसा कैसे लूँगी?" क्या यह भीख नहीं?" आत्माभिमान झनझना उठा। हृदय-तन्त्री के तार कड़े होकर चढ़ गये। रामनाथ ने मधुरता से कहा-"तुम घबराओ मत, तुमको कोई कष्ट न होगा।"

बुढ़िया चली आयी। उसकी आँखों में आँसू न थे। आज वह सूखे काठ-सी हो गयी। घर जाकर बैठी, कोठरी में अपना सामान एक ओर सुधारने लगी। बेटी ने कहा-"माँ, यह क्या करती हो?"

माँ ने कहा-"चलने की तैयारी करो।"

रामनाथ अपने मन में अपनी प्रशंसा कर रहा था, अपने को धन्य समझता था। उसने समझ लिया कि हमने आज एक अच्छा काम करने का संकल्प किया है। भगवान् इससे अवश्य प्रसन्न होंगे।

बुढ़िया अपनी कोठरी में बैठी-बैठी विचारती थी, "जीवन भर के सञ्चित इस अभिमान-धन को एक मुट्ठी अन्न की भिक्षा पर बेच देना होगा। असह्य! भगवान् क्या मेरा इतना सुख भी नहीं देख सकते! उन्हें सुनना होगा।" वह प्रार्थना करने लगी।

"इस अनन्त ज्वालामयी सृष्टि के करता! क्या तुम्हीं करुणा-निधान हो? क्या इसी डर से तुम्हारा अस्तित्व माना जाता है? अभाव, आशा, असन्तोष और आर्तनादों के आचार्य! क्या तुम्हीं दीनानाथ हो? तुम्हीं ने वेदना का विषम जाल फैलाया है? तुम्हीं ने निष्ठुर दुःखों के सहने के लिए मानव-हृदय सा कोमल पदार्थ चुना है और उसे विचारने के लिए, स्मरण करने के लिए दिया है अनुभवशील मस्तिष्क? कैसी कठोर कल्पना है, निष्ठुर! तुम्हारी कठोर करुणा की जय हो! मैं चिर पराजित हूँ।"

सहसा बुढ़िया के शीर्ण मुख पर कान्ति आ गयी। उसने देखा, एक स्वर्गीय ज्योति उसे बुला रही है। वह हँसी, फिर शिथिल होकर लेट रही।

रामनाथ ने दूसरे ही दिन सुना कि बुढ़िया चली गयी। वेदना-क्लेशहीन-अक्षयलोक में उसे स्थान मिल गया। उस महीने की पेन्शन से उसका दाह-कर्म करा दिया। फिर एक दीर्घ निश्वास छोड़कर बोला, "अमीरी की बाढ़ में न जाने कितनी वस्तु कहाँ से आकर एकत्र हो जाती हैं, बहुतों के पास उस बाढ़ के घट जाने पर केवल कुर्सी, कोच और टूट गहने रह जाते हैं। परन्तु बुढ़िया के पास रह गया था सच्चा स्वाभिमान गुदड़ी का लाल।"

अघोरी का मोह

१

"आज तो भैया, मूँग की बरफी खाने को जी नहीं चाहता, यह साग तो बड़ा ही चटकीला है। मैं तो....."

"नहीं-नहीं जगन्नाथ, उसे दो बरफी तो जरूर ही दे दो।"

"न-न-न। क्या करते हो, मैं गंगा जी में फेंक दूँगा।"

"लो, तब मैं तुम्ही को उलटे देता हूँ।" ललित ने कह कर किशोर की गर्दन पकड़ ली। दीनता से भोली और प्रेम-भरी आँखों से चन्द्रमा की ज्योति में किशोर ने ललित की ओर देखा। ललित ने दो बरफी उसके खुले मुख में डाल दी। उसने भरे हुए मुख से कहा,-भैया, अगर ज्यादा खाकर मैं बीमार हो गया।" ललित ने उसके बर्फ के समान गालों पर चपत लगाकर कहा-"तो मैं सुधाविन्द का नाम गरलधारा रख दूँगा। उसके एक बूँद में सत्रह बरफी पचाने की ताकत है। निर्भय होकर भोजन और भजन करना चाहिए।"

शरद की नदी अपने करारों में दबकर चली जा रही है। छोटा-सा बजरा भी उसी में अपनी इच्छा से बहता हुआ जा रहा है, कोई रोक-टोक नहीं है। चाँदनी निखर रही थी, नाव की सैर करने के लिए ललित अपने अतिथि किशोर के साथ चला आया है। दोनों में पवित्र सौहार्द्र है। जाह्नवी की धवलता आ दोनों की स्वच्छ हँसी में चन्द्रिका के साथ मिलकर एक कुतूहलपूर्ण जगत् को देखने के लिए आवाहन कर रही है। धनी सन्तान ललित अपने वैभव में भी किशोर के साथ दीनता का अनुभव करने में बड़ा उत्सुक है। वह सानन्द अपनी दुर्बलताओं को, अपने अभाव को, अपनी करुणा को, उस किशोर बालक से व्यक्त कर रहा है। इसमें उसे सुख भी है, क्योंकि वह एक न समझने वाले हिरन के समान बड़ी-बड़ी भोली आँखों से देखते हुए केवल सुन लेने वाले व्यक्ति से अपनी समस्त कथा कहकर अपना बोझ हलका कर लेता है। और उसका दुःख कोई समझने वाला व्यक्ति न सुन सका, जिससे उसे लज्जित होना पड़ता, यह उसे बड़ा सुयोग मिला है।

ललित को कौन दुःख है? उसकी आत्मा क्यों इतनी गम्भीर है? यह कोई नहीं जानता। क्योंकि उसे सब वस्तु की पूर्णता है, जितनी संसार में साधारणत: चाहिए; फिर भी उसकी नील नीरद-माला-सी गम्भीर मुखाकृति में कभी-कभी उदासीनता बिजली की तरह चमक जाती है।

ललित और किशोर बात करते-करते हँसते-हँसते अब थक गये हैं। विनोद के बाद अवसाद का आगमन हुआ। पान चबाते-चबाते ललित ने कहा-"चलो जी, अब घर की ओर।"

माँझियों ने डाँड़ लगाना आरम्भ किया। किशोर ने कहा-"भैया, कल दिन में इधर देखने की बड़ी इच्छा है। बोलो, कल आओगे?" ललित चुप था। किशोर ने कान में चिल्ला कर कहा-"भैया! कल आओगे न?" ललित ने चुप्पी साध ली। किशोर ने फिर कहा-"बोलो भैया, नहीं तो मैं तुम्हारा पैर दबाने लगूँगा।"

ललित पैर छूने से घबरा कर बोला-"अच्छा, तुम कहो कि हमको किसी दिन अपनी सूखी रोटी

खिलाओगे?..."

किशोर ने कहा-"मैं तुमको खीरमोहन, दिलखुश.." ललित ने कहा-"न-न-न.. मैं तुम्हारे हाथ से सूखी रोटी खाऊँगा-बोलो, स्वीकार है? नहीं तो मैं कल नहीं आऊँगा।"

किशोर ने धीरे से स्वीकार कर लिया। ललित ने चन्द्रमा की ओर देखकर आँख बंद कर लिया। बरौनियों की जाली से इन्द की किरणें घुसकर फिर कोर में से मोती बन-बन कर निकल भागने लगीं। यह कैसी लीला थी!

२

25 वर्ष के बाद

कोई उसे अघोरी कहते हैं, कोई योगी। मुर्दा खाते हुए किसी ने नहीं देखा है, किन्तु खोपड़ियों से खेलते हुए, उसके जोड़ की लिपियों को पढ़ते हुए, फिर हँसते हुए, कई व्यक्तियों ने देखा है। गाँव की स्त्रियाँ जब नहाने आती हैं, तब कुछ रोटी, दूध, बचा हुआ चावल लेती आती हैं। पञ्चवटी के बीच में झोंपड़ी में रख जाती हैं। कोई उससे यह भी नहीं पूछता कि वह खाता है या नहीं। किसी स्त्री के पूछने पर-"बाबा, आज कुछ खाओगे-, अघोरी बालकों की-सी सफेद आँखों से देख कर बोल उठता-"माँ।" युवतियाँ लजा जातीं। वृद्धाएँ करुणा से गद्-गद् हो जातीं और बालिकाएँ खिलखिला कर हँस पड़तीं तब अघोरी गंगा के किनारे उतर कर चला जाता और तीर पर से गंगा के साथ दौड़ लगाते हुए कोसों चला जाता, तब लोग उसे पागल कहते थे। किन्तु कभी-कभी सन्ध्या को सन्तरे के रंग से जब जाह्नवी का जल रँग जाता है और पूरे नगर की अट्टालिकाओं का प्रतिबिम्ब छाया-चित्र का दृश्य बनाने लगता, तब भाव-विभोर होकर कल्पनाशील भावुक की तरह वही पागल निर्निमेष दृष्टि से प्रकृति के अदृश्य हाथों से बनाये हुए कोमल कारीगरी के कमनीय कुसुम को-नन्हें-से फूल को-बिना तोड़े हुए उन्हीं घासों में हिलाकर छोड़ देता और स्नेह से उसी ओर देखने लगता, जैसे वह उस फूल से कोई सन्देश सुन रहा हो।

--

शीत-काल है। मध्याह्न है। सवेरे से अच्छा कुहरा पड़ चुका है। नौ बजने के बाद सूर्य का उदय हुआ है। छोटा-सा बजरा अपनी मस्तानी चाल से जाह्नवी के शीतल जल में सन्तरण कर रहा है। बजरे की छत पर तकिये के सहारे कई बच्चे और स्त्री-पुरुष बैठे हुए जल-विहार कर रहे हैं।

कमला ने कहा-"भोजन कर लीजिए, समय हो गया है।" किशोर ने कहा-"बच्चों को खिला दो, अभी और दूर चलने पर हम खाएँगे।" बजरा जल से कल्लोल करता हुआ चला जा रहा है। किशोर शीतकाल के सूर्य की किरणों से चमकती हुई जल-लहरियों को उदासीन अथवा स्थिर दृष्टि से देखता हुआ न जाने कब की और कहाँ की बातें सोच रहा है। लहरें क्यों उठती हैं और विलीन होती हैं, बुदबुद और जल-राशि का क्या सम्बन्ध है? मानव-जीवन बुदबुद है कि तरंग? बुदबुद है, तो विलीन होकर फिर क्यों प्रकट होता है? मलिन अंश फेन कुछ जलबिन्द से मिलकर बुदबुद का अस्तित्व क्यों बना देता है? क्या वासना और शरीर का भी यही सम्बन्ध है? वासना की शक्ति? कहाँ-कहाँ किस रूप में अपनी इच्छा चरितार्थ करती हुई जीवन को अमृत-गरल का संगम बनाती हुई अनन्त काल तक दौड़ लगायेगी? कभी अवसान होगा, कभी अनन्त जल-राशि में विलीन होकर वह अपनी अखण्ड समाधि लेगी? ..... हैं, क्या सोचने लगा? व्यर्थ की चिन्ता। उहँ।"

नवल ने कहा-"बाबा, ऊपर देखो। उस वृक्ष की जड़ें कैसी अद्भुत फैली हुई हैं।"

किशोर ने चौंक कर देखा। वह जीर्ण वृक्ष, कुछ अनोखा था। और भी कई वृक्ष ऊपर के करारे को उसी तरह घेरे हुए हैं, यहाँ अघोरी की पञ्चवटी है। किशोर ने कहा-"नाव रोक दे। हम यहीं ऊपर चलकर ठहरेंगे। वहीं जलपान करेंगे।" थोड़ी देर में बच्चों के साथ किशोर और कमला उतरकर

पञ्चवटी के करारे पर चढ़ने लगे।

--

सब लोग खा-पी चुके। अब विश्राम करके नाव की ओर पलटने की तैयारी है। मलिन अंग, किन्तु पवित्रता की चमक, मुख पर रुक्षकेश, कौपीनधारी एक व्यक्ति आकर उन लोगों के सामने खड़ा हो गया।

"मुझे कुछ खाने को दो।" दूर खड़ा हुआ गाँव का एक बालक उसे माँगते देखकर चकित हो गया। वह बोला, "बाबू जी, यह पञ्चवटी के अघोरी हैं।"

किशोर ने एक बार उसकी ओर देखा, फिर कमला से कहा-"कुछ बचा हो, तो इसे दे दो।"

कमला ने देखा, तो कुछ परावठे बचे थे। उसने निकालकर दे दिया।

किशोर ने पूछा-"और कुछ नहीं है?" उसने कहा-"नहीं।"

अघोरी उस सूखे परावठे को लेकर हँसने लगा। बोला-"हमको और कुछ न चाहिए।" फिर एक खेलते हुए बच्चे को गोद में उठा कर चूमने लगा। किशोर को बुरा लगा। उसने कहा-"उसे छोड़ दो, तुम चले जाओ।"

अघोरी ने हताश दृष्टि से एक बार किशोर की ओर देखा और बच्चे को रख दिया। उसकी आँखें भरी थीं, किशोर को कुतूहल हुआ। उसने कुछ पूछना चाहा, किन्तु वह अघोरी धीरे-धीरे चला गया। किशोर कुछ अव्यवस्थित हो गये। वह शीघ्र नाव पर सब को लेकर चले आये।

नाव नगर की ओर चली। किन्तु किशोर का हृदय भारी हो गया था। वह बहुत विचारते थे, कोई बात स्मरण करना चाहते थे, किन्तु वह ध्यान में नहीं आती थी-उनके हृदय में कोई भूली हुई बात चिकोटी काटती थी, किन्तु वह विवश थे। उन्हें स्मरण नहीं होता था। मातृ-स्नेह से भरी हुई कमला ने सोचा कि हमारे बच्चों को देखकर अघोरी को मोह हो गया।

पाप की पराजय

१

घने हरे कानन के हृदय में पहाड़ी नदी झिर-झिर करती बह रही है। गाँव से दूर, बन्दूक लिये हुए शिकारी के वेश में, घनश्याम दूर बैठा है। एक निरीह शशक मारकर प्रसन्नता से पतली-पतली लकड़ियों में उसका जलना देखता हुआ प्रकृति की कमनीयता के साथ वह बड़ा अन्याय कर रहा है। किन्तु उसे दायित्व-विहीन विचारपति की तरह बेपरवाही है। जंगली जीवन का आज उसे बड़ा अभिमान है। अपनी सफलता पर आप ही मुग्ध होकर मानव-समाज की शैशवावस्था की पुनरावृत्ति करता हुआ निर्दय घनश्याम उस अधजले जन्तु से उदर भरने लगा। तृप्त होने पर वन की सुधि आई। चकित होकर देखने लगा कि यह कैसा रमणीय देश है। थोड़ी देर में तन्द्रा ने उसे दबा दिया। वह कोमल वृत्ति विलीन हो गयी। स्वप्न ने उसे फिर उद्वेलित किया। निर्मल जल-धारा से धुले हुए पत्तों का घना कानन, स्थान-स्थान पर कुसुमित कुञ्ज, आन्तरिक और स्वाभाविक आलोक में उन कुञ्जों की कोमल छाया, हृदय-स्पर्शकारी शीतल पवन का सञ्चार, अस्फुट आलेख्य के समान उसके सामने स्फुरित होने लगे।

घनश्याम को सुदूर से मधुर झंकार-सी सुनाई पड़ने लगी। उसने अपने को व्याकुल पाया। देखा तो एक अद्भुत दृश्य! इन्द्रनील की पुतली फूलों से सजी हुई झरने के उस पार पहाड़ी से उतर कर बैठी है। उसके सहज-कुञ्चित केश से वन्य कुरुवक कलियाँ कूद-कूद कर जल-लहरियों से क्रीड़ा कर रही हैं। घनश्याम को वह वनदेवी-सी प्रतीत हुई। यद्यपि उसका रंग कंचन के समान नहीं, फिर भी गठन साँचे में ढला हुआ है। आकर्ण विस्तृत नेत्र नहीं, तो भी उनमें एक स्वाभाविक राग है। यह कवि की कल्पना-सी कोई स्वर्गीया आकृति नहीं, प्रत्युत एक भिल्लिनी है। तब भी इसमें सौन्दर्य नहीं है, यह कोई साहस के साथ नहीं कह सकता। घनश्याम ने तन्द्रा से चौंककर उस सहज सौन्दर्य को देखा और विषम समस्या में पड़कर यह सोचने लगा–"क्या सौन्दर्य उपासना की ही वस्तु है, उपभोग की नहीं?" इस प्रश्न को हल करने के लिए उसने हण्टिंग कोट के पाकेट का सहारा लिया। क्लान्तिहारिणी का पान करने पर उसकी आँखों पर रंगीन चश्मा चढ़ गया। उसकी तन्द्रा का यह काल्पनिक स्वर्ग धीरे-धीरे विलास-मन्दिर में परिणत होने लगा। घनश्याम ने देखा कि अद्भुत रूप, यौवन की चरम सीमा और स्वास्थ्य का मनोहर संस्करण, रंग बदलकर पाप ही सामने आया।

पाप का यह रूप, जब वह वासना को फाँस कर अपनी ओर मिला चुकता है, बड़ा कोमल अथच कठोर एवं भयानक होता है और तब पाप का मुख कितना सुन्दर होता है! सुन्दर ही नहीं, आकर्षक भी, वह भी कितना प्रलोभन-पूर्ण और कितना शक्तिशाली, जो अनुभव में नहीं आ सकता। उसमें विजय का दर्प भरा रहता है। वह अपने एक मृदु मुस्कान से सुदृढ़ विवेक की अवहेलना करता है। घनश्याम ने धोखा खाया और क्षण भर में वह सरल सुषमा विलुप्त होकर उद्दीपन का अभिनय करने लगी। यौवन ने भी उस समय काम से मित्रता कर ली। पाप की सेना और उसका आक्रमण प्रबल हो चला। विचलित होते ही घनश्याम को पराजित होना पड़ा। वह आवेश में बाँहें फैलाकर झरने को पार करने लगा।

नील की पुतली ने उस ओर देखा भी नहीं। युवक की मांसल पीन भुजायें उसे आलिंगन किया

ही चाहती थीं कि ऊपर पहाड़ी पर से शब्द सुनाई पड़ा-"क्यों नीला, कब तक यहीं बैठी रहेगी? मुझे देर हो रही है। चल, घर चलें।"

घनश्याम ने सिर उठा कर देखा तो ज्योतिर्मयी दिव्य मूर्ति रमणी सुलभ पवित्रता का ज्वलन्त प्रमाण, केवल यौवन से ही नहीं, बल्कि कला की दृष्टि से भी, दृष्टिगत हुई। किन्तु आत्म-गौरव का दुर्ग किसी की सहज पाप-वासना को वहाँ फटकने नहीं देता था। शिकारी घनश्याम लज्जित तो हुआ ही, पर वह भयभीत भी था। पुण्य-प्रतिमा के सामने पाप की पराजय हुई। नीला ने घबराकर कहा-"रानी जी, आती हूँ। जरा मैं थक गयी थी।" रानी और नीला दोनों चली गयीं। अबकी बार घनश्याम ने फिर सोचने का प्रयास किया-क्या सौन्दर्य उपभोग के लिये नहीं, केवल उपासना के लिए है?" खिन्न होकर वह घर लौटा। किन्तु बार-बार वह घटना याद आती रही। घनश्याम कई बार उस झरने पर क्षमा माँगने गया। किन्तु वहाँ उसे कोई न मिला।

२

जो कठोर सत्य है, जो प्रत्यक्ष है, जिसकी प्रचण्ड लपट अभी नदी में प्रतिभाषित हो रही है, जिसकी गर्मी इस शीतल रात्रि में भी अंक में अनुभूत हो रही है, उसे असत्य या उसे कल्पना कह कर उड़ा देने के लिए घनश्याम का मन हठ कर रहा है।

थोड़ी देर पहले जब (नदी पर से मुक्त आकाश में एक टुकड़ा बादल का उठ आया था) चिता लग चुकी थी, घनश्याम आग लगाने को उपस्थित था। उसकी स्त्री चिता पर अतीत निद्रा में निमग्न थी,। निठुर हिन्द-शास्त्र की कठोर आज्ञा से जब वह विद्रोह करने लगा था, उसी समय घनश्याम को सान्त्वना हुई, उसने अचानक मूर्खता से अग्नि लगा दी। उसे ध्यान हुआ कि बादल बरस कर निर्दय चिता को बुझा देंगे, उसे जलने न देंगे। किन्तु व्यर्थ? चिता ठंडी होकर और भी ठहर-ठहर कर सुलगने लगी, क्षण भर में जल कर राख न होने पायी।

घनश्याम ने हृदय में सोचा कि यदि हम मुसलमान या ईसाई होते तो? आह! फूलों से मिली हुई मुलायम मिट्टी में इसे सुला देते, सुन्दर समाधि बनाते, आजीवन प्रति सन्ध्या को दीप जलाते, फूल चढ़ाते, कविता पढ़ते, रोते, आँसू बहाते, किसी तरह दिन बीत जाते। किन्तु यहाँ कुछ भी नहीं। हत्यारा समाज! कठोर धर्म! कुत्सित व्यवस्था! इनसे क्या आशा? चिता जलने लगी।

३

श्मशान से लौटते समय घनश्याम ने साथियों को छोड़कर जंगल की ओर पैर बढ़ाया। जहाँ प्राय: शिकार खेलने जाया करता, वहीं जाकर बैठ गया। आज वह बहुत दिनों पर इधर आया है। कुछ ही दूरी पर देखा कि साखू के वृक्ष की छाया में एक सुकुमार शरीर पड़ा है। सिरहाने तकिया का काम हाथ दे रहा है। घनश्याम ने अभी कड़ी चोट खायी है। करुण-कमल का उसके आर्द्र मानस में विकास हो गया था। उसने समीप जाकर देखा कि वह रमणी और कोई नहीं है, वह रानी है, जिसे उसने बहुत दिन हुए एक अनोखे ढंग में देखा था। घनश्याम की आहट पाते ही रानी उठ बैठी। घनश्याम ने पूछा-"आप कौन हैं? क्यों यहाँ पड़ी हैं?"

रानी-"मैं केतकी-वन की रानी हूँ।"

"तब ऐसे क्यों?"

"समय की प्रतीक्षा में पड़ी हूँ।"

"कैसा समय?"

"आप से क्या काम?" क्या शिकार खेलने आये हैं?"

"नहीं देवी! आज स्वयं शिकार हो गया हूँ?"

"तब तो आप शीघ्र ही शहर की ओर पलटेंगे। क्या किसी भिल्लनी के नयन-बाण लगे हैं? किन्तु नहीं, मैं भूल कर रही हूँ। उन बेचारियों को क्षुधा-ज्वाला ने जला रक्खा है। ओह, वह गड्ढे में धँसी हुई आँखें अब किसी को आकर्षित करने का सामर्थ्य नहीं रखतीं। हे भगवान, मैं किसलिए पहाड़ी से उतर कर आयी हूँ।"

"देवी! आपका अभिप्राय क्या है, मैं समझ न सका। क्या ऊपर अकाल है, दुर्भिक्ष है?"

"नहीं-नहीं, ईश्वर का प्रकोप है, पवित्रता का अभिशाप है, करुणा की वीभत्स मूर्ति का दर्शन है।"

"तब आपकी क्या इच्छा है?"

"मैं वहाँ की रानी हूँ। मेरे वस्त्र-आभूषण-भण्डार में जो कुछ था, सब बेच कर तीन महीने किसी प्रकार उन्हें खिला सकी, अब मेरे पास केवल इस वस्त्र को छोड़कर और कुछ नहीं रहा कि विक्रय करके एक भी क्षुधित पेट की ज्वाला बुझाती, इसलिए ....।"

"क्या?"

"शहर चलूँगी। सुना है कि वहाँ रूप का भी दाम मिलता है। यदि कुछ मिल सके .."

"तब?"

"तो इसे भी बेच दूँगी। अनाथ बालकों को इससे कुछ तो सहायता पहुँच सकेगी। क्यों, क्या मेरा रूप बिकने योग्य नहीं है?"

युवक घनश्याम इसका उत्तर देने में असमर्थ था। कुछ दिन पहले वह अपना सर्वस्व देकर भी ऐसा रूप क्रय करने को प्रस्तुत हो जाता। आज वह अपनी स्त्री के वियोग में बड़ा ही सीधा, धार्मिक, निरीह एवं परोपकारी हो गया था। आर्त मुमुक्षु की तरह उसे न जाने किस वस्तु की खोज थी।

घनश्याम ने कहा-"मैं क्या उत्तर दूँ?"

"क्यों? क्या दाम न लगेगा? हाँ तुम भी आज किस वेश में हो? क्या सोचते हो? बोलते क्यों नहीं?"

"मेरी स्त्री का शरीरान्त हो गया।"

"तब तो अच्छा हुआ, तुम नगर के धनी हो। तुम्हें तो रूप की आवश्यकता होती होगी। क्या इसे क्रय करोगे?"

घनश्याम ने हाथ जोड़कर सिर नीचा कर लिया। तब उस रानी ने कहा-"उस दिन तो एक भिल्लनी के रूप पर मरते थे। क्यों, आज क्या हुआ?"

"देवी, मेरा साहस नहीं है-वह पाप का वेग था।"

"छि: पाप के लिए साहस था और पुण्य के लिए नहीं?"

घनश्याम रो पड़ा और बोला-"क्षमा कीजिएगा। पुण्य किस प्रकार सम्पादित होता है, मुझे नहीं मालूम। किन्तु इसे पुण्य कहने में..।"

"संकोच होता है। क्यों?"

इसी समय दो-तीन बालक, चार-पाँच स्त्रियाँ और छ:-सात भील अनाहार-क्लिष्ट शीर्ण कलेवर पवन के बल से हिलते-डुलते रानी के सामने आकर खड़े हो गये।

रानी ने कहा-"क्यों अब पाप की परिभाषा करोगे?"

घनश्याम ने काँप कर कहा-"नहीं, प्रायश्चित करूँगा, उस दिन के पाप का प्रायश्चित।"

युवक घनश्याम वेग से उठ खड़ा हुआ, बोला-"बहिन, तुमने मेरे जीवन को अवलम्ब दिया है। मैं निरुद्देश्य हो रहा था, कर्तव्य नहीं सूझ पड़ता था। आपको क्रय-विक्रय न करना पड़ेगा। देवी! मैं सन्ध्या तक आ जाऊँगा।"

"सन्ध्या तक?"

"और भी पहले।"

बालक रोने लगे-"रानी माँ, अब नहीं रह जाता।" घनश्याम से भी नहीं रहा गया, वह भागा।

घनश्याम की पापभूमि, देखते-देखते गाड़ी और छकड़ों से भर गयी, बाजार लग गया, रानी के प्रबन्ध में घनश्याम ने वहीं पर अकाल पीड़ितों की सेवा आरम्भ कर दी।

जो घटना उसे बार-बार स्मरण होती थी, उसी का यह प्रायश्चित था। घनश्याम ने उसी भिल्लनी को प्रधान प्रबन्ध करनेवाली देख कर आश्चर्य किया। उसे न जाने क्यों हर्ष और उत्साह दोनों हुए।

सहयोग

मनोरमा, एक भूल से सचेत होकर जब तक उसे सुधारने में लगती है, तब तक उसकी दूसरी भूल उसे अपनी मनुष्यता पर ही सन्देह दिलाने लगती है। प्रतिदिन प्रतिक्षण भूल की अविच्छिन्न शृंखला मानव-जीवन को जकड़े हुए है, यह उसने कभी हृदयंगम नहीं किया। भ्रम को उसने शत्रु के रूप में देखा। वह उससे प्रति-पद शंकित और संदिग्ध रहने लगी! उसकी स्वाभाविक सरलता, जो बनावटी भ्रम उत्पन्न कर दिया करती थी, और उसके अस्तित्व में सुन्दरता पालिश कर दिया करती थी, अब उससे बिछुड़ने लगी। वह एक बनावटी रूप और आवभगत को अपना आभरण समझने लगी।

मोहन, एक हृदय-हीन युवक उसे दिल्ली से ब्याह लाया था। उसकी स्वाभाविकता पर अपने आतंक से क्रूर शासन करके उसे आत्मचिन्ताशून्य पति-गत-प्राणा बनाने की उत्कट अभिलाषा से हृदय-हीन कल से चलती-फिरती हुई पुतली बना डाला और वह इसी में अपनी विजय और पौरुष की पराकाष्ठा समझने लगा था।

धीरे-धीरे अब मनोरमा में अपना निज का कुछ नहीं रहा। वह उसे एक प्रकार से भूल-सी गयी थी। दिल्ली के समीप का यमुना-तट का वह गाँव, जिसमें वह पली थी, बढ़ी थी, अब उसे कुछ विस्मृत-सा हो चला था। वह ब्याह करने के बाद द्विरागमन के अवसर पर जब से अपनी ससुराल आयी थी, वह एक अद्भुत दृश्य था। मनुष्य-समाज में पुरुषों के लिए वह कोई बड़ी बात न थी, किन्तु जब उन्हें घर छोड़कर कभी किसी काम में परदेश जाना पड़ता है, तभी उनको उस कथा के अधम अंश का आभास सूचित होता है। वह सेवा और स्नेहवृत्तिवाली स्त्रियाँ ही कर सकती हैं। जहाँ अपना कोई नहीं है, जिससे कभी की जान-पहचान नहीं, जिस स्थान पर केवल बधू-दर्शन का कुतूहल मात्र उसकी अभ्यर्थना करने वाला है, वहाँ वह रोते और सिसकते किसी साहस से आयी और किसी को अपने रूप से, किसी को विनय से, किसी को स्नेह से उसने वश करना आरम्भ किया। उसे सफलता भी मिली। जिस तरह एक महाउद्योगी किसी भारी अनुसन्धान के लिए अपने घर से अलग होकर अपने सहारे अपना साधन बनाता है, वा कथा-सरित्सागर के साहसिक लोग बैताल या विद्याधरत्त्व की सिद्धि के असम्भवनीय साहस का परिचय देते हैं, वह इन प्रतिदिन साहसकारिणी मनुष्य-जाति की किशोरियों के सामने क्या है, जिनकी बुद्धि और अवस्था कुछ भी इसके अनुकूल नहीं है।

हिन्द शास्त्रानुसार शूद्रा स्त्री मनोरमा ने आश्चर्यपूर्वक ससुराल में द्वितीय जन्म ग्रहण कर लिया। उसे द्विजन्मा कहने में कोई बाधा नहीं है।

१

मेला देखकर मोहन लौटा। उसकी अनुराग-लता, उसकी प्रगल्भा प्रेयसी ने उसका साथ नहीं दिया। सम्भवत: वह किसी विशेष आकर्षक पुरुष के साथ सहयोग करके चली गयी। मेला फीका हो गया। नदी के पुल पर एक पत्थर पर वह बैठ गया। अँधेरी रात धीरे-धीरे गम्भीर होती जा रही थी। कोलाहल, जनरव और रसीली तानें विरल हो चलीं। ज्यों-ज्यों एकान्त होने लगा, मोहन की आतुरता बढ़ने लगी। नदी-तट की शरद-रजनी में एकान्त, किसी की अपेक्षा करने लगा। उसका हृदय चञ्चल हो चला। मोहन ने सोचा, इस समय क्या करें? विनोदी हृदय उत्सुक हुआ। वह चाहे जो हो, किसी

की संगति को इस समय आवश्यक समझने लगा। प्यार न करने पर भी मनोरमा का ही ध्यान आया। समस्या हल होते देखकर वह घर की ओर चल पड़ा।

२

मनोरमा का त्योहार अभी बाकी था। नगर भर में एक नीरव अवसाद हो गया था; किन्तु मनोरमा के हृदय में कोलाहल हो रहा था। ऐसे त्योहार के दिन भी वह मोहन को न खिला सकी थी। लैम्प के मन्द प्रकाश में खिड़की के जंगले के पास वह बैठी रही। विचारने को कुछ भी उसके पास न था। केवल स्वामी की आशा में दास के समान वह उत्कण्ठित बैठी थी। दरवाजा खटका, वह उठी, चतुरा दासी से भी अच्छी तरह उसने स्वामी की अभ्यर्थना, सेवा, आदर और सत्कार करने में अपने को लगा दिया। मोहन चुपचाप अपने ग्रासों के साथ वाग्युद्ध और दन्तघर्षण करने लगा। मनोरमा ने भूलकर भी यह न पूछा कि तुम इतनी देर कहाँ थे? क्यों नहीं आये? न वह रूठी, न वह ऐंठी, गुरुमान की कौन कहे, लघुमान का छींटा नहीं। मोहन को यह और असह्य हो गया। उसने समझा कि हम इस योग्य भी नहीं रहे कि कोई हमसे यह पूछे-"तुम कहाँ इतनी देर मरते थे?" पत्नी का अपमान उसे और यन्त्रणा देने लगा। वह भोजन करते-करते अकस्मात् रुक गया। मनोरमा ने पूछा-"क्या दूध ले आऊँ, अब और कुछ नहीं लीजियेगा?"

साधारण प्रश्न था। किन्तु मोहन को प्रतीत हुआ कि यह तो अतिथि की-सी अभ्यर्थना है, गृहस्थ की अपने घर की सी नहीं। वह चट बोल उठा-"नहीं, आज दूध न लूँगा।" किन्तु मनोरमा तो तब तक दूध का कटोरा लेकर सामने आ गई, बोली-"थोड़ा-सा लीजिए, अभी गरम है।"

मोहन बार-बार सोचता था कि कोई ऐसी बात निकले जिसमें मुझे कुछ करना पड़े और मनोरमा मानिनी बने, मैं उसे मनाऊँ, किन्तु मनोरमा में वह मिट्टी ही नहीं रही। मनोरमा तो कल की पुतली हो गयी थी। मोहन ने-'दूध अभी गरम है', इसी में से देर होने का व्यंग निकाल लिया और कहा-"हाँ, आज मेला देखने चला गया था, इसी में देर हुई।"

किन्तु वहाँ कैफियत तो कोई लेता न था, देने के लिए प्रस्तुत अवश्य था। मनोरमा ने कहा-"नहीं, अभी देर तो नहीं हुई। आध घण्टा हुआ होगा कि दूध उतारा गया है।"

मोहन हताश हो गया। चुपचाप पलँग पर जा लेटा। मनोरमा ने उधर ध्यान भी नहीं दिया। वह चतुरता से गृहस्थी की सारी वस्तुओं को समेटने लगी। थोड़ी देर में इससे निबटकर वह अपनी भूल समझ गयी। चट पान लगाने बैठ गयी। मोहन ने यह देखकर कहा-"नहीं, मैं पान इस समय न खाऊँगा।"

मनोरमा ने भयभीत स्वर से कहा-"बिखरी हुई चीजें इकट्ठी न कर लेती, बिल्ली-चूहे उसे खराब कर देते। थोड़ी देर हुई है, क्षमा कीजिए। दो पान तो अवश्य खा लीजिए।"

बाध्य होकर मोहन को दो पान खाना पड़ा। अब मनोरमा पैर दबाने बैठी। वेश्या से तिरस्कृत मोहन घबरा उठा। वह इस सेवा से कब छुट्टी पावे? इस सहयोग से क्या बस चले। उसने विचारा कि मनोरमा को मैंने ही तो ऐसा बनाना चाहा था। अब वह ऐसी हुई, तो मुझे अब विरक्ति क्यों है? इसके चरित्र का यह अंश क्यों नहीं रुचता-किसी ने उसके कान में धीरे से कहा-"तुम तो अपनी स्त्री को अपनी दासी बनाना चाहते थे, जो वास्तव में तुम्हारी अन्तरात्मा को ईप्सित नहीं था। तुम्हारी कुप्रवृत्तियों की वह उत्तेजना थी कि वह तुम्हारी चिर-संगिनी न होकर दासी के समान आज्ञाकारिणी मात्र रहे। वही हुआ। अब क्यों झंखते हो!"

अकस्मात् मोहन उठ बैठा। मोहन और मनोरमा एक-दूसरे के पैर पकड़े हुए थे।

पत्थर की पुकार

१

नवल और विमल दोनों बात करते हुए टहल रहे थे। विमल ने कहा- "साहित्य-सेवा भी एक व्यसन है।"

"नहीं मित्र! यह तो विश्व भर की एक मौन सेवा-समिति का सदस्य होना है।"

"अच्छा तो फिर बताओ, तुमको क्या भला लगता है? कैसा साहित्य रुचता है?"

"अतीत और करुणा का जो अंश साहित्य में हो, वह मेरे हृदय को आकर्षित करता है।"

नवल की गम्भीर हँसी कुछ तरल हो गयी। उन्होंने कहा-"इससे विशेष और हम भारतीयों के पास धरा क्या है! स्तुत्य अतीत की घोषणा और वर्तमान की करुणा, इसी का गान हमें आता है। बस, यह भी एक भाँग-गाँजे की तरह नशा है।" विमल का हृदय स्तब्ध हो गया। चिर प्रसन्न-वदन मित्र को अपनी भावना पर इतना कठोर आघात करते हुए कभी भी उसने नहीं देखा था। वह कुछ विरक्त हो गया। मित्र ने कहा-"कहाँ चलोगे?" उसने कहा-"चलो, मैं थोड़ा घूम कर गंगा-तट पर मिलूँगा।" नवल भी एक ओर चला गया।

२

चिन्ता में मग्न विमल एक ओर चला। नगर के एक सूने मुहल्ले की ओर जा निकला। एक टूटी चारपाई अपने फूटे झिलँगे में लिपटी पड़ी है। उसी के बगल में दीन कुटी फूस से ढँकी हुई, अपना दरिद्र मुख भिक्षा के लिए खोले हुए बैठी है। दो-एक ढाँकी और हथौड़े, पानी की प्याली, कूची, दो काले शिलाखण्ड परिचारक की तरह उस दीन कुटी को घेरे पड़े हैं। किसी को न देखकर एक शिलाखण्ड पर न जाने किसके कहने से विमल बैठ गया। यह चुपचाप था। विदित हुआ कि दूसरा पत्थर कुछ धीरे-धीरे कह रहा है। वह सुनने लगा- "मैं अपने सुखद शैल में संलग्न था। शिल्पी! तूने मुझे क्यों ला पटका? यहाँ तो मानव की हिंसा का गर्जन मेरे कठोर वक्ष:स्थल का भेदन कर रहा है। मैं तेरे प्रलोभन में पड़ कर यहाँ चला आया था, कुछ तेरे बाहुबल से नहीं, क्योंकि मेरी प्रबल कामना थी कि मैं एक सुन्दर मूर्ति में परिणत हो जाऊँ। उसके लिए अपने वक्ष:स्थल को क्षत-विक्षत कराने को प्रस्तुत था। तेरी टाँकी से हृदय चिराने में प्रसन्न था! कि कभी मेरी इस सहनशीलता का पुरस्कार, सराहना के रूप में मिलेगा और मेरी मौन मूर्ति अनन्तकाल तक उस सराहना को चुपचाप गर्व से स्वीकार करती रहेगी। किन्तु निष्ठर! तूने अपने द्वार पर मुझे फूटे हुए ठीकरे की तरह ला पटका। अब मैं यहीं पर पड़ा-पड़ा कब तक अपने भविष्य की गणना करूँगा?"

पत्थर की करुणामयी पुकार से विमल को क्रोध का सञ्चार हुआ। और वास्तव में इस पुकार में अतीत और करुणा दोनों का मिश्रण था, जो कि उसके चित्त का सरल विनोद था। विमल भावप्रवण होकर रोष से गर्जन करता हुआ पत्थर की ओर से अनुरोध करने को शिल्पी के दरिद्र कुटीर में घुस पड़ा।

"क्यों जी, तुमने इस पत्थर को कितने दिनों से यहाँ ला रक्खा है? भला वह भी अपने मन में क्या समझता होगा? सुस्त होकर पड़े हो, उसकी कोई सुन्दर मूर्ति क्यों न बना डाली?" विमल ने रुक्ष स्वर में कहा।

पुरानी गुदड़ी में ढँकी हुई जीर्ण-शीर्ण मूर्ति खाँसी से कँप कर बोली-"बाबू जी! आपने तो मुझे कोई आज्ञा नहीं दी थी।"

"अजी तुम बना लिये होते, फिर कोई-न-कोई तो इसे ले लेता। भला देखो तो यह पत्थर कितने दिनों से पड़ा तुम्हारे नाम को रो रहा है।"-विमल ने कहा। शिल्पी ने कफ निकाल कर गला साफ करते हुए कहा-"आप लोग अमीर आदमी है। अपने कोमल श्रवणेन्द्रियों से पत्थर का रोना, लहरों का संगीत, पवन की हँसी इत्यादि कितनी सूक्ष्म बातें सुन लेते हैं, और उसकी पुकार में दत्तचित्त हो जाते हैं। करुणा से पुलकित होते हैं, किन्तु क्या कभी दुखी हृदय के नीरव क्रन्दन को भी अन्तरात्मा की श्रवणेन्द्रियों को सुनने देते हैं, जो करुणा का काल्पनिक नहीं, किन्तु वास्तविक रूप है?"

विमल के अतीत और करुणा-सम्बन्धी समस्त सद्भाव कठोर कर्मण्यता का आवाहन करने के लिए उसी से विद्रोह करने लगे। वह स्तब्ध होकर उसी मलिन भूमि पर बैठ गया।

उस पार का योगी

सामने सन्ध्या-धूसरित जल की एक चादर बिछी है। उसके बाद बालू की बेला है, उसमें अठखेलियाँ करके लहरों ने सीढ़ी बना दी है। कौतुक यह है कि उस पर भी हरी-हरी दूब जम गयी है। उस बालू की सीढ़ी की ऊपरी तह पर जाने कब से एक शिला पड़ी है। कई वर्षों ने उसे अपने पेट में पचाना चाहा, पर वह कठोर शिला गल न सकी, फिर भी निकल ही आती थी। नन्दलाल उसे अपने शैशव से ही देखता था। छोटी-सी नदी, जो उसके गाँव से सटकर बहती थी, उसी के किनारे वह अपनी सितारी लेकर पश्चिम की धूसर आभा में नित्य जाकर बैठ जाता। जिस रात को चाँदनी निकल आती, उसमें देर तक और अँधेरी रात के प्रदोष में जब तक अन्धकार नहीं हो जाता था, बैठकर सितारी बजाता अपनी टपरियों में चला जाता था।

नन्दलाल अँधेरे में डरता न था। किन्तु चन्द्रिका में देर तक किसी अस्पष्ट छाया को देख सकता था। इसलिए, आज भी उसी शिला पर वह मूर्ति बैठी है। गैरिक वसन की आभा सान्ध्य-सूर्य से रञ्जित नभ से होड़ कर रही है। दो-चार लटें इधर-उधर मांसल अंश पर वन के साथ खेल रही हैं। नदी के किनारे प्राय: पवन का बसेरा रहता है, इसी से यह सुविधा है। जब से शैशव-सहचरी नलिनी से नन्दलाल का वियोग हुआ है, वह अपनी सितारी से ही मन बहलाता है, सो भी एकान्त में; क्योंकि नलिनी से भी वह किसी के सामने मिलने पर सुख नहीं पाता था। किन्तु हाय रे सुख! उत्तेजनामय आनन्द को अनुभव करने के लिए एक साक्षी भी चाहिए। बिना किसी दूसरे को अपना सुख दिखाए हृदय भली-भाँति से गर्व का अनुभव नहीं कर पाता। चन्द्र-किरण, नदी-तरंग, मलय-हिल्लोल, कुसुम-सुरभि और रसाल-वृक्ष के साथ ही नन्दलाल को यह भी विश्वास था। कि उस पार का योगी भी कभी-कभी उस सितारी की मीड़ से मरोड़ खाता है। लटें उसके कपोल पर ताल देने लगती हैं।

चाँदनी निखरी थी। आज अपनी सितारी के साथ नन्दलाल भी गाने लगा था। वह प्रणय-संगीत था-भावुकता और काल्पनिक प्रेम का सम्भार बड़े वेग से उच्छ्वसित हुआ। अन्त:करण से दबी हुई तरलवृत्ति, जो विस्मृत स्वप्न के समान हलका प्रकाश देती थी, आज न जाने क्यों गैरिक निर्झर की तरह उबल पड़ी। जो वस्तु आज तक मैत्री का सुख-चिह्न थी-जो सरल हृदय का उपहार थी-जो उदारता की कृतज्ञता थी-उसने ज्वाला, लालसापूर्ण प्रेम का रूप धारण किया। संगीत चलने लगा।

"अरे कौन है.....मुझे बचाओ.....आह.....", पवन ने उपयुक्त दूत की तरह यह सन्देश नन्दलाल के कानों तक पहुँचाया। वह व्याकुल होकर सितारी छोड़ कर दौड़ा। नदी में फाँद पड़ा। उसके कानों में नलिनी का सा स्वर सुनाई पड़ा। नदी छोटी थी-खरस्रोता थी। नन्दलाल हाथ मारता हुआ लहरों को चीर रहा था। उसके बाहु-पाश में एक सुकुमार शरीर आ गया।

चन्द्रकिरणों और लहरियों को बातचीत करने का एक आधार मिला। लहरी कहने लगी-"अभागे! तू इस दुखिया नलिनी को बचाने क्यों आया, इसने तो आज अपने समस्त दु:खों का अन्त कर दिया था।"

किरण-"क्यों जी, तुम लोगों ने नन्दलाल को बहुत दिन तक बीच में बहा कर हल्ला-गुल्ला मचाकर, बचाया था।"

लहरी-"और तुम्हीं तो प्रकाश डालकर उसे सचेत कराती रही हो।"

किरण-"आज तक उस बेचारे को अँधेरे में रक्खा था। केवल आलोक की कल्पना करके वह अपने आलेख्य पट को उद्भासित कर लेता था। उस पार का योगी सुदूरवर्ती परदेशी की रम्य स्मृति को शान्त तपोवन का दृश्य था।"

लहरी-"पगली! सुख-स्वप्न के सदृश और आशा में आनन्द के समान मैं बीच में पड़ी-पड़ी उसके सरल नेह का बहुत दिनों तक सञ्चय करती रही-आन्तरिक आकर्षणपूर्ण सम्मिलन होने पर भी, वासना-रहित निष्काम सौन्दर्यमय व्यवधान बन कर मैं दोनों के बीच में बहती थी; किन्तु नन्दलाल इतने में सन्तुष्ट न हो सका। उछल-कूद कर हाथ चलाकर मुझे भी गँदला कर दिया। उसे बहने, डूबने और उतराने का आवेश बढ़ गया था।"

किरण-"हूँ, तब डूबें बहें।"

पवन चुपचाप इन बातों को सुन कर नदी के बहाव की ओर सर्राटा मार कर सन्देशा कहने को भगा। किन्तु वे दूर निकल गये थे। सितारी मूर्च्छना में पड़ी रही।

करुणा की विजय

१

सन्ध्या की दीनता गोधूली के साथ दरिद्र मोहन की रिक्त थाली में धूल भर रही है। नगरोपकण्ठ में एक कुएँ के समीप बैठा हुआ अपनी छोटी बहन को वह समझा रहा है। फटे हुए कुरते की कोर से उसके अश्रु पोंछने में वह सफल नहीं हो रहा था, क्योंकि कपड़े के सूत से अश्रु विशेष थे। थोड़ा-सा चना, जो उसके पात्र में बेचने का बचा था, उसी को रामकली माँगती थी। तीन वर्ष की रामकली को तेरह वर्ष का मोहन सँभालने में असमर्थ था।

ढाई पैसे का वह बेच चुका है। अभी दो-तीन पैसे का चना जो जल और मिर्चे में उबाला हुआ था, और बचा है। मोहन चाहता था कि चार पैसे उसके रोकड़ में और बचे रहें, डेढ़-दो पैसे का कुछ लेकर अपना और रामकली का पेट भर लेगा। चार पैसे से सबेरे चने उबाल कर फिर अपनी दूकान लगा लेगा। किन्तु विधाता को यह नहीं स्वीकार था। जब से उसके माता-पिता मरे, साल भर से वह इसी तरह अपना जीवन निर्वाह करता था। किसी सम्बन्धी या सज्जन की दृष्टि उसकी ओर न पड़ी। मोहन अभिमानी था। वह धुन का भी पक्का था। किन्तु आज वह विचलित हुआ। रामकली की कौन कहे, वह भी भूख की ज्वाला सहन न कर सका। अपने अदृष्ट के सामने हार मानकर रामकली को उसने खिलाया। बचा हुआ जो था, उसने मोहन के पेट की गरमी और बढ़ा दी। ढाई पैसे का और भी कुछ लाकर अपनी भूख मिटायी। दोनों कुएँ की जगत् पर सो गये।

२

दरिद्रता और करुणा से झगड़ा चल पड़ा। दरिद्रता बोली-"देखो जी, मेरा कैसा प्रभाव है।" करुणा ने कहा-"मेरा सर्वत्र राज्य है। तुम्हारा विद्रोह सफल न होगा।" दरिद्रता ने कहा-"गिरती हुई बालू की दीवार कहकर नहीं गिरती। तुम्हारा काल्पनिक क्षेत्र नीहार की वर्षा से कब तक सिञ्चा रहेगा?" अभिमान अभी तक चुप बैठा रहा, किन्तु उससे नहीं रहा गया। कहा-"मैं भी किसी दल में घुस कर देखूँगा कि कौन जीतता है।" दोनों ने पूछा कि तुम किसका साथ दोगे? अभिमान ने कहा-"जिधर की जीत देखूँगा।"

करुणा ने विश्रान्त बालकों को सुख देने का विचार किया। मलय हिल्लोल की थपकी देकर सुला देना चाहा। दरिद्रता ने दिन भर की जमी हुई गर्द कदम्ब के पत्तों पर से खिसका दी। बालकों के सरल मुख ने धूल पड़ने से कुछ विकृत रूप धारण किया। दरिद्रता ने स्वप्न में भयानक रूप धारण करके उन्हें दर्शन दिया। मोहन का शरीर काँपने लगा। दूर से देखती हुई करुणा भी कँप उठी। अकस्मात् मोहन उठा और झोंक से बोला-"भीख न माँगूँगा, मरूँगा।"

एक क्रन्दन और धमाका। रामकली को कुएँ ने अपनी शीतल गोद में ले लिया। डाल पर से दरिद्रता के अट्टहास की तरह उल्लू बोल उठा। उसी समय बँगले पर मेंहदी की टट्टी से घिरे हुए चबूतरे पर आसमानी पंखे के नीचे मसहरी में से नगर-पिता दण्डनायक चिल्ला उठे-"पंखा खींचो।"

-- --

प्रसन्न-वदन न्यायाधीश ने एक स्थिर दृष्टि से देखते हुए अपराधी मोहन से कहा-"बालक, तुमने अपराध स्वीकार करते हुए कि रामकली अपनी बहिन की हत्या तुम्हीं ने की है, मृत्युदण्ड चाहा है। किन्तु न्याय अपराध का कारण ढूँढ़ता है। सिर काटती है तलवार, किन्तु वही सिर काटने के अपराध में नहीं तोड़ी जाती है। निर्बोध बालक, तुम्हारा कुछ भी अभी कर्तृत्व नहीं है। तुमने यदि यह हत्या की भी हो, तो तुम केवल हत्यारी के अस्त्र थे। नगर के व्यवस्थापक पर इसका दायित्व है कि तीन वर्ष की रामकली तुम्हारे हाथ में क्यों दी गयी! यदि कोई उत्तराधिकारी-विहीन धनी मर जाता, तो व्यवस्थापक नगर-पिता उसके धन को अपने कोष में रखवा लेते। यदि निर्बोध उत्तराधिकारी रहता, तो उसकी सम्पत्ति सुरक्षित करने की वह व्यवस्था करते। किन्तु असहाय, निर्धन और अभिमानी तथा निर्बोध बालक के हाथ में शिशु का भार रख देना राष्ट्र के शुभ उद्देश्य की गुप्त रीति से और शिशु की प्रकट हत्या करना है। तुम इसके अपराधी नहीं हो। तुम मुक्त हो।"

करुणा रोते हुए हँस पड़ी। अपनी विजय की वर्षा मोहन के अभिमान के अश्रु बनकर रने लगी।

खंडहर की लिपि

जब बसन्त की पहली लहर अपना पीला रंग सीमा के खेतों पर चढ़ा लायी, काली कोयल ने उसे बरजना आरम्भ किया और भौंरे गुनगुना कर काना-फूँसी करने लगे, उसी समय एक समाधि के पास लगे हुए गुलाब ने मुँह खोलने का उपक्रम किया। किन्तु किसी युवक के चञ्चल हाथ ने उसका हौसला भी तोड़ दिया। दक्षिण पवन ने उससे कुछ झटक लेना चाहा, बिचारे की पंखुडियाँ झड़ गयीं। युवक ने इधर-उधर देखा। एक उदासी और अभिलाषामयी शून्यता ने उसकी प्रत्याशी दृष्टि को कुछ उत्तर न दिया। बसन्त-पवन का एक भारी झोंका "हा-हा" करता उसकी हँसी उड़ाता चला गया।

सटी हुई टेकरी की टूटी-फूटी सीढ़ी पर युवक चढने लगा। पचास सीढियाँ चढने के बाद वह बगल की बहुत पुरानी दालान में विश्राम लेने के लिए ठहर गया। ऊपर जो जीर्ण मन्दिर था, उसका ध्वंसावशेष देखने को वह बार-बार जाता था। उस भग्न स्तूप से युवक को आमन्त्रित करती हुई 'आओ आओ' की अपरिस्फुट पुकार बुलाया करती। जाने कब के अतीत ने उसे स्मरण कर रक्खा है। मण्डप के भग्न कोण में एक पत्थर के ऊपर न जाने कौन-सी लिपि थी, जो किसी कोरदार पत्थर में लिखी गयी थी। वह नागरी तो कदापि नहीं थी। युवक ने आज फिर उसी ओर देखते-देखते उसे पढऩा चाहा। बहुत देर तक घूमता-घूमता वह थक गया था, इससे उसे निद्रा आने लगी। वह स्वप्न देखने लगा।

कमलों का कमनीय विकास झील की शोभा को द्विगुणित कर रहा है। उसके आमोद के साथ वीणा की झनकार, झील के स्पर्श के शीतल और सुरभित पवन में भर रही थी। सुदूर प्रतीचि में एक सहस्रदल स्वर्ण-कमल अपनी शेष स्वर्ण-किरण की भी मृणाल पर व्योम-निधि में खिल रहा है। वह लज्जित होना चाहता है। वीणा के तारों पर उसकी अन्तिम आभा की चमक पड़ रही है। एक आनन्दपूर्ण विषाद से युवक अपनी चञ्चल अँगुलियों को नचा रहा है। एक दासी स्वर्णपात्र में केसर, अगुरु, चन्दन-मिश्रित अंगराग और नवमल्लिका की माला, कई ताम्बूल लिये हुए आयी, प्रणाम करके उसने कहा-"महाश्रेष्ठि धनमित्र की कन्या ने श्रीमान् के लिए उपहार भेजकर प्रार्थना की है कि आज के उद्यान गोष्ठ में आप अवश्य पधारने की कृपा करें। आनन्द विहार के समीप उपवन में आपकी प्रतीक्षा करती हुई कामिनी देवी बहुत देर तक रहेंगी।"

युवक ने विरक्त होकर कहा-"अभी कई दिन हुए हैं, मैं सिंहल से आ रहा हूँ, मेरा पोत समुद्र में डूब गया है। मैं ही किसी तरह बचा हूँ। अपनी स्वामिनी से कह देना कि मेरी अभी ऐसी अवस्था नहीं है कि मैं उपवन के आनन्द का उपभोग कर सकूँ।"

"तो प्रभु, क्या मैं यही उत्तर दे दूँ? "दासी ने कहा।

"हाँ, और यह भी कह देना कि-तुम सरीखी अविश्वासिनी स्त्रियों से मैं और भी दूर भागना चाहता हूँ, जो प्रलय के समुद्र की प्रचण्ड आँधी में एक जर्जर पोत से भी दुर्बल और उस डुबा देनेवाली लहर से भी भयानक है।" युवक ने अपनी वीणा सँवारते हुए कहा।

"वे उस उपवन में कभी की जा चुकी हैं, और हमसे यह भी कहा है कि यदि वे गोष्ठ में न आना चाहें, तो स्तूप की सीढ़ी के विश्राम-मण्डप में मुझसे एक बार अवश्य मिल लें, मैं निर्दोष हूँ।" दासी ने सविनय कहा।

युवा ने रोष-भरी दृष्टि से देखा। दासी प्रणाम करके चली गयी। सामने का एक कमल सन्ध्या के प्रभाव से कुम्हला रहा था। युवक को प्रतीत हुआ कि वह धनमित्र की कन्या का मुख है। उससे मकरन्द नहीं, अश्रु गिर रहे हैं। 'मैं निर्दोष हूँ', यही भौंरे भी गूँजकर कह रहे हैं।

युवक ने स्वप्न में चौंककर कहा-"मैं आऊँगा।" आँख न खोलने पर भी उसने उस जीर्ण दालान की लिपि पढ़ ली-"निष्ठर! अन्त को तुम नहीं आये।" युवक सचेत होकर उठने को था कि वह कई सौ बरस की पुरानी छत धम से गिरी।

वायुमण्डल में-"आओ-आओ" का शब्द गूँजने लगा।

कलावती की शिक्षा

श्यामसुन्दर ने विरक्त होकर कहा-""कला! यह मुझे नहीं अच्छा लगता।"" कलावती ने लैम्प की बत्ती कम करते हुए सिर झुकाकर तिरछी चितवन से देखते हुए कहा-""फिर मुझे भी सोने के समय यह रोशनी अच्छी नहीं लगती।""

श्यामसुन्दर ने कहा-"तुम्हारा पलँग तो इस रोशनी से बचा है। तुम जाकर सो रहो।" और तुम रात भर यों ही जागते रहोगे।" अब की धीरे से कलावती ने हाथ से पुस्तक भी खींच ली। श्यामसुन्दर को इस स्नेह में भी क्रोध आ गया। तिनक गये-"तुम पढ़ने का सुख नहीं जानती, इसलिए तुमको समझाना ही मूर्खता है।" कलावती ने प्रगल्भ होकर कहा-"मूर्ख बनकर थोड़ा समझा दो।"

श्यामसुन्दर भड़क उठे, उनकी शिक्षिता उपन्यास की नायिका उसी अध्याय में अपने प्रणयी के सामने आयी थी- वह आगे बातचीत करती; उसी समय ऐसा व्याघात। 'स्त्रीणामाद्य प्रणय-वचनं' कालिदास ने भी इसे नहीं छोड़ा था। कैसा अमूल्य पदार्थ! अशिक्षिता कलावती ने वहीं रस भंग किया। बिगड़कर बोले-"वह तुम इस जन्म में नहीं समझोगी।"

कलावती ने और भी हँसकर कहा-"देखो, उस जन्म में भी ऐसा बहाना न करना।"

पुष्पाधार में धरे हुए नरगिस के गुच्छे ने अपनी एकटक देखती हुई आँखों से चुपचाप यह दृश्य देखा और वह कालिदास के तात्पर्य को बिगाड़ते हुए श्यामसुन्दर की धृष्टता न सहन कर सका, और शेष 'विभ्रमोहि प्रियेषु' का पाठ हिलकर करने लगा।

-- --

श्यामसुन्दर ने लैम्प की बत्ती चढ़ायी, फिर अध्ययन आरम्भ हुआ। कलावती अब की अपने पलँग पर जा बैठी। डब्बा खोलकर पान लगाया, दो खीली लेकर फिर श्यामसुन्दर के पास आयी। श्याम ने कहा-"रख दो।" खीलीवाला हाथ मुँह की ओर बढ़ा, कुछ मुख भी बढ़ा, पान उसमें चला गया। कलावती फिर लौटी ओर एक चीनी की पुतली लेकर उसे पढ़ाने बैठी-"देखो, मैं तुम्हें दो-चार बातें सिखाती हूँ, उन्हें अच्छी तरह रट लेना। लज्जा कभी न करना, यह पुरुषों की चालाकी है, जो उन्होंने इसे स्त्रियों के हिस्से कर दिया है। यह दूसरे शब्दों में एक प्रकार का भ्रम है, इसलिए तुम भी ऐसा रूप धारण करना कि पुरुष, जो बाहर से अनुकम्पा करते हुए तुमसे भीतर-भीतर घृणा करते हैं, वह भी तुमसे भयभीत रहें, तुम्हारे पास आने का साहस न करें। और कृतज्ञ होना दासत्व है। चतुरों ने अपना कार्य-साधन करने का अस्त्र इसे बनाया है। इसीलिए इसकी ऐसी प्रशंसा की है कि लोग इसकी ओर आकर्षित हो जाते हैं। किन्तु है यह दासत्व। यह शरीर का नहीं, किन्तु अन्तरात्मा का दासत्व है। इस कारण कभी-कभी लोग बुरी बातों का भी समर्थन करते हैं। प्रगल्भता, जो आजकल बड़ी बाढ़ पर है, बड़ी अच्छी वस्तु है। उसके बल से मूर्ख भी पण्डित समझे जाते हैं। उसका अच्छा अभ्यास करना, जिसमें तुमको कोई मूर्ख न कह सके, कहने का साहस ही न हो। पुतली! तुमने रूप का परिवर्तन भी छोड़ दिया है, यह और भी बुरा है। सोने के कोर की साड़ी तुम्हारे मस्तक को अभी भी ढँके हैं, तनिक इसे खिसका दो। बालों को लहरा दो। लोग लगें पैर चूमने, प्यारी पुतली! समझी न?"

श्यामसुन्दर के उपन्यास की नायिका भी अपने नायक के गले लग गयी थी, प्रसन्नता से उसका

मुख-मण्डल चमकने लगा। वह अपना आनन्द छिपा नहीं सकता था। पुतली की शिक्षा उसने सुनी कि नहीं, हम नहीं कह सकते, किन्तु वह हँसने लगा। कलावती को क्या सूझा, लो वह तो सचमुच उसके गले लगी हुई थी। अध्याय समाप्त हुआ। पुतली को अपना पाठ याद रहा कि नहीं, लैम्प के धीमे प्रकाश में कुछ समझ न पड़ा।

चक्रवर्ती का स्तम्भ

"बाबा यह कैसे बना? इसको किसने बनाया? इस पर क्या लिखा है?" सरला ने कई सवाल किये। बूढ़ा धर्मरक्षित, भेड़ों के झुण्ड को चरते हुए देख रहा था। हरी टेकरी झारल के किनारे सन्ध्या के आपत की चादर ओढ़ कर नया रंग बदल रही थी। भेड़ों की मण्डली उस पर धीरे-धीरे चरती हुई उतरने-चढ़ने में कई रेखा बना रही थी।

अब की ध्यान आकर्षित करने के लिए सरला ने धर्मरक्षित का हाथ खींचकर उस स्तम्भ को दिखलाया। धर्मरक्षित ने निश्वास लेकर कहा-"बेटी, महाराज चक्रवर्ती अशोक ने इसे कब बनाया था। इस पर शील और धर्म की आज्ञा खुदी है। चक्रवर्ती देवप्रिय ने यह नहीं विचार किया कि ये आज्ञाएँ बक-बक मानी जायँगी। धर्मोन्मत्त लोगों ने इस स्थान को ध्वस्त कर डाला। अब विहार में डर से कोई-कोई भिक्षुक भी कभी दिखाई पड़ता है।"

वृद्ध यह कहकर उद्विग्न होकर कृष्ण सन्ध्या का आगमन देखने लगा। सरला उसी के बगल में बैठ गयी। स्तम्भ के ऊपर बैठा हुआ आज्ञा का रक्षक सिंह धीरे-धीरे अन्धकार में विलीन हो गया।

थोड़ी देर में एक धर्मशील कुटुम्ब उसी स्थान पर आया। जीर्ण स्तूप पर देखते-देखते दीपावली हो गयी। गन्ध-कुसुम से वह स्तूप अर्चित हुआ। अगुरु की गन्ध, कुसुम-सौरभ तथा दीपमाला से वह जीर्ण स्थान एक बार आलोकपूर्ण हो गया। सरला का मन उस दृश्य से पुलकित हो उठा। वह बार-बार वृद्ध को दिखाने लगी, धार्मिक वृद्ध की आँखों में उस भक्तिमयी अर्चना से जल-बिन्द दिखाई देने लगे। उपासकों में मिलकर धर्मरक्षित और सरला ने भी भरे हुए हृदय से उस स्तूप को भगवान् के उद्देश्य से नमस्कार किया।

-- --

टापों के शब्द वहाँ से सुनाई पड़ रहे हैं। समस्त भक्ति के स्थान पर भय ने अधिकार कर लिया। सब चकित होकर देखने लगे। उल्काधारी अश्वारोही और हाथों में नंगी तलवार! आकाश के तारों ने भी भय से मुँह छिपा लिया। मेघ-मण्डली रो-रो कर मना करने लगी, किन्तु निष्ठर सैनिकों ने कुछ न सुना। तोड़-ताड़, लूट-पाट करके सब पुजारियों को, 'बुतपरस्तों' को बाँध कर उनके धर्म-विरोध का दण्ड देने के लिए ले चले। सरला भी उन्हीं में थी।

धर्मरक्षित ने कहा-"सैनिकों, तुम्हारा भी कोई धर्म है?"

एक ने कहा-"सर्वोत्तम इस्लाम धर्म।"

धर्मरक्षित-"क्या उसमें दया की आज्ञा नहीं है?" उत्तर न मिला।

धर्मरक्षित-"क्या जिस धर्म में दया नहीं है, उसे भी तुम धर्म कहोगे?"

एक दूसरा-"है क्यों नहीं? दया करना हमारे धर्म में भी है। पैगम्बर का हुक्म है, तुम बूढ़े हो, तुम पर दया की जा सकती है। छोड़ दो जी, उसको।" बूढ़ा छोड़ दिया गया।

धर्मरक्षित-"मुझे चाहे बाँध लो, किन्तु इन सबों को छोड़ दो। वह भी सम्राट् था, जिसने इस स्तम्भ पर समस्त जीवों के प्रति दया करने की आज्ञा खुदवा दी है। क्या तुम भी देश विजय करके सम्राट्

हुआ चाहते हो? तब दया क्यों नहीं करते?"

एक बोल उठा-"क्या पागल बूढ़े से बक-बक कर रहे हो? कोई ऐसी फिक्र करो कि यह किसी बुत की परस्तिश का ऊँचा मीनार तोड़ा जाय।"

सरला ने कहा-"बाबा, हमको यह सब लिये जा रहे हैं।"

धर्मरक्षित-"बेटी, असहाय हूँ, वृद्ध बाँहों में बल भी नहीं है, भगवान् की करुणा का स्मरण कर। उन्होंने स्वयं कहा है कि-"संयोग: विप्रयोगन्ता:।"

निष्ठर लोग हिंसा के लिए परिक्रमण करने लगे। किन्तु पत्थरों में चिल्लाने की शक्ति नहीं है कि उसे सुनकर वे क्रूर आत्माएँ तुष्ट हों। उन्हें नीरव रोने में भी असमर्थ देखकर मेघ बरसने लगे। चपला चमकने लगी। भीषण गर्जन होने लगा। छिपने के लिए वे निष्ठर भी स्थान खोजने लगे। अकस्मात् एक भीषण गर्जन और तीव्र आलोक, साथ ही धमाका हुआ।

चक्रवर्ती का स्तम्भ अपने सामने यह दृश्य न देख सका। अशनिपात से खण्ड-खण्ड होकर गिर पड़ा। कोई किसी का बन्दी न रहा।

दुखिया

१

पहाड़ी देहात, जंगल के किनारे के गाँव और बरसात का समय! वह भी ऊषाकाल! बड़ा ही मनोरम दृश्य था। रात की वर्षा से आम के वृक्ष तराबोर थे। अभी पत्तों से पानी ढुलक रहा था। प्रभात के स्पष्ट होने पर भी धुँधले प्रकाश में सड़क के किनारे आम्रवृक्ष के नीचे बालिका कुछ देख रही थी। 'टप' से शब्द हुआ, बालिका उछल पड़ी, गिरा हुआ आम उठाकर अञ्चल में रख लिया। (जो पाकेट की तरह खोंस कर बना हुआ था।)

दक्षिण पवन ने अनजान में फल से लदी हुई डालियों से अठखेलियाँ कीं। उसका सञ्चित धन अस्त-व्यस्त हो गया। दो-चार गिर पड़े। बालिका ऊषा की किरणों के समान ही खिल पड़ी। उसका अञ्चल भर उठा। फिर भी आशा में खड़ी रही। व्यर्थ प्रयास जान कर लौटी, और अपनी झोंपड़ी की ओर चल पड़ी। फूस की झोंपड़ी में बैठा हुआ उसका अन्धा बूढ़ा बाप अपनी फूटी हुई चिलम सुलगा रहा था। दुखिया ने आते ही आँचल से सात आमों में से पाँच निकाल कर बाप के हाथ में रख दिये। और स्वयं बरतन माँजने के लिए 'डबरे' की ओर चल पड़ी।

बरतनों का विवरण सुनिए, एक फूटी बटुली, एक लोंहदी और लोटा, यही उस दीन परिवार का उपकरण था। डबरे के किनारे छोटी-सी शिला पर अपने फटे हुए वस्त्र सँभाले हुए बैठकर दुखिया ने बरतन मलना आरम्भ किया।

२

अपने पीसे हुए बाजरे के आटे की रोटी पकाकर दुखिया ने बूढ़े बाप को खिलाया और स्वयं बचा हुआ खा-पीकर पास ही के महुए के वृक्ष की फैली जड़ों पर सिर रख कर लेट रही। कुछ गुनगुनाने लगी। दुपहरी ढल गयी। अब दुखिया उठी और खुरपी-जाला लेकर घास छीलने चली। जमींदार के घोड़े के लिए घास वह रोज दे आती थी, कठिन परिश्रम से उसने अपने काम भर घास कर लिया, फिर उसे डबरे में रख कर धोने लगी।

सूर्य की सुनहली किरणें बरसाती आकाश पर नवीन चित्रकार की तरह कई प्रकार के रंग लगाना सीखने लगीं। अमराई और ताड़-वृक्षों की छाया उस शाद्वल जल में पड़कर प्राकृतिक चित्र का सृजन करने लगी। दुखिया को विलम्ब हुआ, किन्तु अभी उसकी घास धो नहीं गयी, उसे जैसे इसकी कुछ परवाह न थी। इसी समय घोड़े की टापों के शब्द ने उसकी एकाग्रता को भंग किया।

जमींदार कुमार सन्ध्या को हवा खाने के लिए निकले थे। वेगवान 'बालोतरा' जाति का कुम्मेद पचकल्यान आज गरम हो गया था। मोहनसिंह से बेकाबू होकर वह बगटूट भाग रहा था। संयोग! जहाँ पर दुखिया बैठी थी, उसी के समीप ठोकर लेकर घोड़ा गिरा। मोहनसिंह भी बुरी तरह घायल होकर गिरे। दुखिया ने मोहनसिंह की सहायता की। डबरे से जल लाकर घावों को धोने लगी। मोहन ने पट्टी बाँधी, घोड़ा भी उठकर शान्त खड़ा हुआ। दुखिया जो उसे टहलाने लगी थी। मोहन ने कृतज्ञता की दृष्टि से दुखिया को देखा, वह एक सुशिक्षित युवक था। उसने दरिद्र दुखिया को उसकी सहायता के

बदले ही रुपया देना चाहा। दुखिया ने हाथ जोड़कर कहा-"बाबू जी , हम तो आप ही के गुलाम हैं। इसी घोड़े को घास देने से हमारी रोटी चलती है।"

अब मोहन ने दुखिया को पहिचाना। उसने पूछा- "क्या तुम रामगुलाम की लडक़ी हो?"

"हाँ, बाबूजी।"

"वह बहुत दिनों से दिखता नहीं!"

"बाबू जी, उनकी आँखों से दिखाई नहीं पड़ता।"

"अहा, हमारे लड़कपन में वह हमारे घोड़े को, जब हम उस पर बैठते थे, पकड़कर टहलाता था। वह कहाँ है?"

"अपनी मड़ई में।"

"चलो, हम वहाँ तक चलेंगे।"

किशोरी दुखिया को कौन जाने क्यों संकोच हुआ, उसने कहा- "बाबूजी, घास पहुँचाने में देर हुई है। सरकार बिगड़ेंगे।"

"कुछ चिन्ता नहीं; तुम चलो।"

लाचार होकर दुखिया घास का बोझा सिर पर रखे हुए झोंपड़ी की ओर चल पड़ी। घोड़े पर मोहन पीछे-पीछे था।

३

"रामगुलाम, तुम अच्छे तो हो?"

"राज! सरकार! जुग-जुग जीओ बाबू!" बूढ़े ने बिना देखे अपनी टूटी चारपाई से उठते हुए दोनों हाथ अपने सिर तक ले जाकर कहा।

"रामगुलाम, तुमने पहचान लिया?"

"न कैसे पहचानें, सरकार! यह देह पली है।" उसने कहा।

"तुमको कुछ पेन्शन मिलती है कि नहीं?"

"आप ही का दिया खाते हैं, बाबूजी। अभी लडक़ी हमारी जगह पर घास देती है।"

भावुक नवयुवक ने फिर प्रश्न किया, "क्यों रामगुलाम, जब इसका विवाह हो जायेगा, तब कौन घास देगा?"

रामगुलाम के आनन्दाश्रु दु:ख की नदी होकर बहने लगे। बड़े कष्ट से उसने कहा-"क्या हम सदा जीते रहेंगे?"

अब मोहन से नहीं रहा गया, वहीं दो रुपये उस बुड्ढे को देकर चलते बने। जाते-जाते कहा-"फिर कभी।"

दुखिया को भी घास लेकर वहीं जाना था। वह पीछे चली।

जमींदार की पशुशाला थी। हाथी, ऊँट, घोड़ा, बुलबुल, भैंसा, गाय, बकरे, बैल, लाल, किसी की कमी नहीं थी। एक दुष्ट नजीब खाँ इन सर्बों का निरीक्षक था। दुखिया को देर से आते देखकर उसे अवसर मिला। बड़ी नीचता से उसने कहा-"मारे जवानी के तेरा मिजाज ही नहीं मिलता! कल से तेरी नौकरी बन्द कर दी जायगी। इतनी देर?"

दुखिया कुछ नहीं बोलती, किन्तु उसको अपने बूढ़े बाप की याद आ गयी। उसने सोचा, किसी तरह नौकरी बचानी चाहिए, तुरन्त कह बैठी- "छोटे सरकार घोड़े पर से गिर पड़े रहे। उन्हें मड़ई तक पहुँचाने में देर .....।"

"चुप हरामजांदी! तभी तो तेरा मिजाज और बिगड़ा है। अभी बड़े सरकार के पास चलते हैं।"

वह उठा और चला। दुखिया ने घास का बोझा पटका और रोती हुई झोंपड़ी की ओर चलती हुई। राह चलते-चलते उसे डबरे का सायंकालीन दृश्य स्मरण होने लगा। वह उसी में भूल कर अपने घर पहुँच गई।

प्रतिमा

१

जब अनेक प्रार्थना करने पर यहाँ तक कि अपनी समस्त उपासना और भक्ति का प्रतिदान माँगने पर भी 'कुञ्जबिहारी' की प्रतिमा न पिघली, कोमल प्राणों पर दया न आयी, आँसुओं के अघ्र्य देने पर भी न पसीजी, और कुञ्जनाथ किसी प्रकार देवता को प्रसन्न न कर सके, भयानक शिकारी ने सरला के प्राण ले ही लिये, किन्तु पाषाणी प्रतिमा अचल रही, तब भी उसका राग-भोग उसी प्रकार चलता रहा; शंख, घण्टा और दीपमाला का आयोजन यथा-नियम होता रहा। केवल कुञ्जनाथ तब से मन्दिर की फुलवारी में पत्थर पर बैठकर हाथ जोड़कर चला आता। "कुञ्जबिहारी" के समक्ष जाने का साहस नहीं होता। न जाने मूर्ति में उसे विश्वास ही कम हो गया था कि अपनी श्रद्धा की, विश्वास की दुर्बलता उसे संकुचित कर देती।

आज चाँदनी निखर रही थी। चन्द्र के मनोहर मुख पर रीझकर सुर-बालाएँ तारक-कुसुम की वर्षा कर रही थीं। स्निग्ध मलयानिल प्रत्येक कुसुम-स्तवक को चूमकर मन्दिर की अनेक मालाओं को हिला देता था। कुञ्ज पत्थर पर बैठा हुआ सब देख रहा था। मनोहर मदनमोहन मूर्ति की सेवा करने को चित्त उत्तेजित हो उठा। कुञ्जनाथ ने सेवा, पुजारी के हाथ से ले ली। बड़ी श्रद्धा से पूजा करने लगा। चाँदी की आरती लेकर जब देव-विग्रह के सामने युवक कुञ्जनाथ खड़ा हुआ, अकस्मात् मानसिक वृत्ति पलटी और सरला का मुख स्मरण हो आया। कुञ्जबिहारी जी की प्रतिमा के मुख-मण्डल पर उसने अपनी दृष्टि जमायी।

"मैं अनन्त काल तक तरंगों का आघात, वर्षा, पवन, धूप, धूल से तथा मनुष्यों के अपमान श्लाघा से बचने के लिए गिरि-गर्भ में छिपा पड़ा रहा, मूर्ति मेरी थी या मैं स्वयं मूर्ति था, यह सम्बन्ध व्यक्त नहीं था। निष्ठर लौह-अस्त्र से जब काटकर मैं अलग किया गया, तब किसी प्राणी ने अपनी समस्त सहृदयता मुझे अर्पण की, उसकी चेतावनी मेरे पाषाण में मिली, आत्मानुभव की तीव्र वेदना यह सब मुझे मिलते रहे, मुझमें विभ्रम था, विलास था, शक्ति थी। अब तो पुजारी भी वेतन पाता है और मैं भी उसी के अवशिष्ट से अपना निर्वाह......"

और भी क्या मूर्ति कह रही थी, किन्तु शंख और घण्टा भयानक स्वर से बज उठे। स्वामी को देख कर पुजारी लोगों ने धातु-पात्रों को और भी वेग से बजाना आरम्भ कर दिया। कुञ्जनाथ ने आरती रख दी। दूर से कोई गाता हुआ जा रहा था:

> "सच कह दूँ ऐ बिरहमन गर तू बुरा न माने।
> तेरे सनमकदे के बुत हो गये पुराने।"

कुञ्जनाथ ने स्थिर दृष्टि से देखा, मूर्ति में वह सौन्दर्य नहीं, वह भक्ति स्फुरित करनेवाली कान्ति नहीं। वह ललित भाव-लहरी का आविर्भाव-तिरोभाव मुख-मण्डल से जाने कहाँ चला गया है। धैर्य छोड़कर कुञ्जनाथ चला आया। प्रणाम भी नहीं कर सका।

२

"कहाँ जाती है?"

"माँ आज शिवजी की पूजा नहीं की।"

"बेटी, तुझे कल रात से ज्वर था, फिर इस समय जाकर क्या नदी में स्नान करेगी?"

"हाँ, मैं बिना पूजा किये जल न पियूँगी।"

"रजनी, तू बड़ी हठीली होती जा रही है। धर्म की ऐसी कड़ी आज्ञा नहीं है कि वह स्वास्थ्य को नष्ट करके पालन की जाय।"

"माँ, मेरे गले से जल न उतरेगा। एक बार वहाँ तक जाऊँगी।"

"तू क्यों इतनी तपस्या कर रही है?"

"तू क्यों पड़ी-पड़ी रोया करती है?"

"तेरे लिए।"

"और मैं भी पूजा करती हूँ तेरे लिए कि तेरा रोना छूट जाय"- इतना कहकर कलसी लेकर रजनी चल पड़ी।"

-- --

वट-वृक्ष के नीचे उसी की जड़ में पत्थर का छोटा-सा जीर्ण मन्दिर है। उसी में शिवमूर्ति है, वट की जटा से लटकता हुआ मिट्टी का बर्तन अपने छिद्र से जल-बिन्द गिराकर जाह्नवी और जटा की कल्पना को सार्थक कर रहा है। बैशाख के कोमल विल्वदल उस श्यामल मूर्ति पर लिपटे हैं। गोधूली का समय, शीतलवाहिनी सरिता में स्नान करके रजनी ने दीपक जलाकर आँचल की ओट में छिपाकर उसी मूर्ति के सामने लाकर धर दिया। भक्तिभाव से हाथ जोड़कर बैठ गयी और करुणा, प्रेम तथा भक्ति से भगवान् को प्रसन्न करने लगी। सन्ध्या की मलिनता दीपक के प्रकाश में सचमुच वह पत्थर की मूर्ति मांसल हो गयी। प्रतिमा में सजीवता आ गयी। दीपक की लौ जब पवन से हिलती थी, तब विदित होता था कि प्रतिमा प्रसन्न होकर झूमने लगी है। एकान्त में भक्त भगवान् को प्रसन्न करने लगा। अन्तरात्मा के मिलन से उस जड़ प्रतिमा को आर्द्र बना डाला। रजनी ने विधवा माता की विकलता की पुष्पाञ्जलि बनाकर देवता के चरणों में डाल दी। बेले का फूल और विल्वदल सान्ध्य-पवन से हिल कर प्रतिमा से खिसककर गिर पड़ा। रजनी ने कामना पूर्ण होने का संकेत पाया। प्रणाम करके कलसी उठाकर गाँव की झोपड़ी की ओर अग्रसर हुई।

३

"मनुष्य इतना पतित कभी न होता, यदि समाज उसे न बना देता। मैं अब इस कंकाल समाज से कोई सम्बन्ध न रक्खूँगा। जिसके साथ स्नेह करो, वही कपट रखता है। जिसे अपना समझो, वही कतरनी लिये रहता है। ओह, हम विद्वेष करके इतने क्रूर बना दिये गये हैं, हमें लोगों ने बुरा बना दिया है। अपने स्वार्थ के लिए, हम कदापि इतने दुष्ट नहीं हो सकते थे। हमारी शुद्ध आत्मा में किसने विष मिला दिया है, कलुषित कर दिया है, किसने कपट, चातुरी, प्रवञ्चना सिखायी है? इसी पैशाचिक समाज ने, इसे छोड़ना होगा। किसी से सम्बन्ध ही न रहेगा, तो फिर विद्वेष का मूल ही न रह जायगा। चलो, आज से इसे तिलाञ्जलि दे दो। बस ...." युवक कुञ्जनाथ आम्र-कानन के कोने पर से सन्ध्या के आकाश को देखते हुए कह रहा था। लता की आड़ से निकलती हुई रजनी ने कहा-"हैं! हैं! किसे छोड़ते हो?"

कुञ्जनाथ ने घूमकर देखा कि उनकी स्वर्गीय स्त्री की भगिनी रजनी कलसी लिये आ रही है। कुञ्जनाथ की भावना प्रबल हो उठी। आज बहुत दिनों पर रजनी दिखाई पड़ी है। दरिद्रा सास को

कुञ्जनाथ बड़ी अनादर की दृष्टि से देखते थे। उससे कभी मिलना भी अपनी प्रतिष्ठा के विरुद्ध समझते थे। जब से सरला का देहान्त हुआ, तब से और भी। दरिद्र-कन्या से ब्याह करके उन्हें समाज में सिर नीचा करना पड़ा था। इस पाप का फल रजनी की माँ को बिना दिये, बिना प्रतिशोध लिये कुञ्जनाथ को चैन नहीं। रजनी जब बालिका थी, कई बार बहन के पास बैठ कर कुञ्जनाथ से सरल विनोद कर चुकी थी। आज उसके मन में उस बालिका-सुलभ चाञ्चल्य का उदय हो गया। वह बोल उठी-"कुञ्ज बाबू! किसे छोडऩा चाहते हो?"

कुञ्ज, धनी जमींदार-सन्तान था। उससे प्रगल्भ व्यवहार करना साधारण काम नहीं था। कोई दूसरा समय होता, तो कुञ्जनाथ बिगड़ उठता, पर दो दिन से उसके हृदय में बड़ी करुणा है, अत: क्रोध को अवकाश नहीं। हँस कर पूछा-"कहाँ से आती हो, रजनी?"

रजनी ने कहा-"शिव-पूजन करके आ रही हूँ।"

कुञ्ज ने पूछा-"तुम्हारे शिवजी कहाँ हैं?"

रजनी-"यहीं नदी के किनारे।"

कुञ्ज-"मैं भी देखूँगा।"

रजनी-"चलिए।"

दोनों नदी की ओर चले। युवक ने देखा भग्न-मन्दिर का नग्न देवता-न तो वस्त्र हैं, न अलंकार, न चाँदी के पात्र हैं, न जवाहरात की चमक। केवल श्यामल मूर्ति पर हरे-हरे विल्वदल और छोटा-सा दीपक का प्रकाश। कुञ्जनाथ को भक्ति का उद्रेक हुआ। देवमूर्ति के सामने उसने झुककर प्रणाम किया।

क्षण भर में आश्चर्य से कुञ्ज ने देखा कि स्वर्गीय सरला की प्रतिमा रजनी, हाथ जोड़े है, और वह शिव-प्रतिमा कुञ्जबिहारी हो गयी है।

प्रलय

हिमावृत चोटियों की श्रेणी, अनन्त आकाश के नीचे क्षुब्ध समुद्र! उपत्यका की कन्दरा में, प्राकृतिक उद्यान में खड़े हुए युवक ने युवती से कहा-"प्रिये!"

"प्रियतम! क्या होने वाला है?"

"देखो क्या होता है, कुछ चिन्ता नहीं-आसव तो है न?"

"क्यों प्रिय! इतना बड़ा खेल क्या यों ही नष्ट हो जायेगा?"

"यदि नष्ट न हो, खेल ज्यों-का-त्यों बना रहे तब तो वह बेकार हो जायेगा।"

"तब हृदय में अमर होने की कल्पना क्यों थी?"

"सुख-भोग-प्रलोभन के कारण।"

"क्या सृष्टि की चेष्टा मिथ्या थी?"

"मिथ्या थी या सत्य, नहीं कहा जा सकता- पर सर्ग प्रलय के लिए होता है, यह निस्सन्देह कहा जायगा, क्योंकि प्रलय भी एक सृष्टि है।"

"अपना अस्तित्व बनाए रखने के लिए बड़ा उद्योग था"-युवती ने निश्वास लेकर कहा।

"यह तो मैं भी मानूँगा कि अपने अस्तित्व के लिए स्वयं आपको व्यय कर दिया।"-युवक ने व्यंग्य से कहा।

युवती करुणाद्रर हो गयी। युवक ने मन बदलने के लिए कहा-"प्रिये! आसव ले आओ।"

युवती स्फटिक-पात्र में आसव ले आयी। युवक पीने लगा।

"सदा रक्षा करने पर भी यह उत्पात?" युवती ने दीन होकर जिज्ञासा की।

"तुम्हारे उपासकों ने भी कम अपव्यय नहीं किया।" युवक ने सस्मित कहा।

"ओह, प्रियतम! अब कहाँ चलें?" युवती ने मान करके कहा।

कठोर होकर युवक ने कहा-"अब कहाँ, यहीं से यह लीला देखेंगे।"

सूर्य का अलात-चक्र के समान शून्य में भ्रमण, और उसके विस्तार का अग्नि-स्फुलिंग-वर्षा करते हुए आश्चर्य-संकोच! हिम-टीलों का नवीन महानदों के रूप में पलटना, भयानक ताप से शेष प्राणियों का पलटना! महाकापालिक के चिताग्नि-साधन का वीभत्स दृश्य! प्रचण्ड आलोक का अन्धकार!!!

युवक मणि-पीठ पर सुखासीन होकर आसव पान कर रहा है। युवती त्रस्त नेत्रों से इस भीषण व्यापार को देखते हुए भी नहीं देख रही है। जवाकुसुम सदृश और जगत् का तत्काल तरल पारद-समान रंग बदलना, भयानक होने पर भी युवक को स्पृहणीय था। वह सस्मित बोला-"प्रिये! कैसा दृश्य है।"

"इसी का ध्यान करके कुछ लोगों ने आध्यात्मिकता का प्रचार किया था।" युवती ने कहा।

"बड़ी बुद्धिमत्ता थी!" हँस कर युवक ने कहा। वह हँसी ग्रहगण की टक्कर के शब्द से भी कुछ ऊँची थी।

"क्यों?"

"मरण के कठोर सत्य से बचने का बहाना या आड़।"

"प्रिय! ऐसा न कहो।"

"मोह के आकस्मिक अवलम्ब ऐसे ही होते हैं।" युवक ने पात्र भरते हुए कहा।

"इसे मैं नहीं मानूँगी।" दृढ़ होकर युवती बोली।

सामने की जल-राशि आलोड़ित होने लगी। असंख्य जलस्तम्भ शून्य नापने को ऊँचे चढ़ने लगे। कण-जाल से कुहासा फैला। भयानक ताप पर शीतलता हाथ फेरने लगी। युवती ने और भी साहस से कहा-"क्या आध्यात्मिकता मोह है?"

"चैतनिक पदार्थों का ज्वार-भाटा है। परमाणुओं से ग्रथित प्राकृत नियन्त्रण-शैली का एक बिन्द! अपना अस्तित्व बचाये रखने की आशा में मनोहर कल्पना कर लेता है। विदेह होकर विश्वात्मभाव की प्रत्याशा, इसी क्षुद्र अवयव में अन्तर्निहित अन्तःकरण यन्त्र का चमत्कार साहस है, जो स्वयं नश्वर उपादनों को साधन बनाकर अविनाशी होने का स्वप्न देखता है। देखो, इसी सारे जगत् के लय की लीला में तुम्हें इतना मोह हो गया?"

प्रभञ्जन का प्रबल आक्रमण आरम्भ हुआ। महार्णव की आकाशमापक स्तम्भ लहरियाँ भग्न होकर भीषण गर्जन करने लगीं। कन्दरा के उद्यान का अक्षयवट लहरा उठा। प्रकाण्ड शाल-वृक्ष तृण की तरह उस भयंकर फूत्कार से शून्य में उड़ने लगे। दौड़ते हुए वारिद-वृन्द के समान विशाल शैल-शृंग आवर्त में पड़कर चक्र-भ्रमण करने लगे। उद्दीर्ण ज्वालामुखियों के लावे जल-राशि को जलाने लगे। मेघाच्छादित, निस्तेज, स्पृश्य, चन्द्रबिम्ब के समान सूर्यमण्डल महाकापालिक के पिये हुए पान-पात्र की तरह लुढक़ने लगा। भयंकर कम्प और घोर वृष्टि में ज्वालामुखी बिजली के समान विलीन होने लगे।

युवक ने अट्टहास करते हुए कहा-"ऐसी बरसात काहे को मिलेगी! एक पात्र और।"

युवती सहमकर पात्र भरती हुई बोली-"मुझे अपने गले से लगा लो, बड़ा भय लगता है।"

युवक ने कहा-"तुम्हारा त्रस्त करुण अर्ध कटाक्ष विश्व-भर की मनोहर छोटी-सी आख्यायिका का सुख दे रहा है। हाँ एक ....."

"जाओ, तुम बड़े कठोर हो .....।"

"हमारी प्राचीनता और विश्व की रमणीयता ने तुम्हें सर्ग और प्रलय की अनादि लीला देखने के लिए उत्साहित किया था। अब उसका ताण्डव नृत्य देखो। तुम्हें भी अपनी कोमल कठोरता का बड़ा अभिमान था .....।"

"अभिमान ही होता, तो प्रयास करके तुमसे क्यों मिलती? जाने दो, तुम मेरे सर्वस्व हो। तुमसे अब यह माँगती हूँ कि अब कुछ न माँगूँ चाहे इसके बदले मेरी समस्त कामना ले लो।" युवती ने गले में हाथ डालकर कहा।

-- --

भयानक शीत, दूसरे क्षण असह्य ताप, वायु के प्रचण्ड झोंकों में एक के बाद दूसरे की अद्भुत परम्परा, घोर गर्जन, ऊपर कुहासा और वृष्टि, नीचे महार्णव के रूप में अनन्त द्रवराशि, पवन उन्चासों गतियों से समग्र पञ्चमहाभूतों को आलोड़ित कर उन्हें तरल परमाणुओं के रूप में परिवर्तित करने के

लिए तुला हुआ है। अनन्त परमाणुमय शून्य में एक वट-वृक्ष केवल एक नुकीले शृंग के सहारे स्थित है। प्रभञ्जन के प्रचण्ड आघातों से सब अदृश्य है। एक डाल पर वही युवक और युवती! युवक के मुख-मण्डल के प्रकाश से ही आलोक है। युवती मूर्च्छितप्राय है। वदन-मण्डल मात्र अस्पष्ट दिखाई दे रहा है। युवती सचेत होकर बोली- "प्रियतम!" "क्या प्रिये?"

"नाथ! अब मैं तुमको पाऊँगी।"

"क्या अभी तक नहीं पाया था?"

"मैं अभी तक तुम्हें पहचान भी नहीं सकी थी। तुम क्या हो, आज बता दोगे?"

"क्या अपने को जान लिया था; तुम्हारा क्या उद्देश्य था?"

"अब कुछ-कुछ जान रही हूँ; जैसे मेरा अस्तित्व स्वप्न था; आध्यात्मिकता का मोह था; जो तुमसे भिन्न, स्वतन्त्र स्वरूप की कल्पना कर ली थी, वह अस्तित्व नहीं, विकृति थी। उद्देश्य की तो प्राप्ति हुआ ही चाहती है।"

युवती का मुख-मण्डल अस्पष्ट प्रतिबिम्ब मात्र रह गया था-युवक एक रमणीय तेज-पुंज था।

"तब और जानने की आवश्यकता नहीं, अब मिलना चाहती हो?"

"हूँ" अस्फुट शब्द का अन्तिम भाग प्रणव के समान गूँजने लगा!

"आओ, यह प्रलय-रूपी तुम्हारा मिलन आनन्दमय हो। आओ।"

अखण्ड शान्ति! आलोक!! आनन्द!!!

छाया
(कहानी संग्रह)

तानसेन

१

यह छोटा सा परिवार भी क्या ही सुन्दर है, सुहावने आम और जामुन के वृक्ष चारों ओर से इसे घेरे हुए हैं। दूर से देखने में यहाँ केवल एक बड़ा-सा वृक्षों का झुरमुट दिखाई देता है, पर इसका स्वच्छ जल अपने सौन्दर्य को ऊँचे ढूहों में छिपाये हुए है। कठोर-हृदया धरणी के वक्षस्थल में यह छोटा-सा करुणा कुण्ड, बड़ी सावधानी से, प्रकृति ने छिपा रक्खा है।

सन्ध्या हो चली है। विहँग-कुल कोमल कल-रव करते हुए अपने-अपने नीड़ की ओर लौटने लगे हैं। अन्धकार अपना आगमन सूचित कराता हुआ वृक्षों के ऊँचे टहनियों के कोमल किसलयों को धुँधले रंग का बना रहा है। पर सूर्य की अन्तिम किरणें अभी अपना स्थान नहीं छोडऩा चाहती हैं। वे हवा के झोकों से हटाई जाने पर भी अन्धकार के अधिकार का विरोध करती हुई सूर्यदेव की उँगलियों की तरह हिल रही हैं।

सन्ध्या हो गई। कोकिल बोल उठा। एक सुन्दर कोमल कण्ठ से निकली हुई रसीली तान ने उसे भी चुप कर दिया। मनोहर-स्वर-लहरी उस सरोवर-तीर से उठकर तट के सब वृक्षों को गुंजरित करने लगी। मधुर-मलयानिल-ताड़ित जल-लहरी उस स्वर के ताल पर नाचने लगी। हर-एक पत्ता ताल देने लगा। अद्भुत आनन्द का समावेश था। शान्ति का नैसर्गिक राज्य उस छोटी रमणीय भूमि में मानों जमकर बैठ गया था।

यह आनन्द-कानन अपना मनोहर स्वरूप एक पथिक से छिपा न सका, क्योंकि वह प्यासा था। जल की उसे आवश्यकता थी। उसका घोड़ा, जो बड़ी शीघ्रता से आ रहा था, रुका, और वह उतर पड़ा। पथिक बड़े वेग से अश्व से उतरा, पर वह भी स्तब्ध खड़ा हो गया; क्योंकि उसको भी उसी स्वर-लहरी ने मन्त्रमुग्ध फणी की तरह बना दिया। मृगया-शील पथिक क्लान्त था-वृक्ष के सहारे खड़ा हो गया। थोड़ी देर तक वह अपने को भूल गया। जब स्वर-लहरी ठहरी, तब उसकी निद्रा भी टूटी। युवक सारे श्रम को भूल गया, उसके अंग में एक अद्भुत स्फूर्ति मालूम हुई। वह, जहाँ से स्वर सुनाई पड़ता था, उसी ओर चला। जाकर देखा, एक युवक खड़ा होकर उस अन्धकार-रंजित जल की ओर देख रहा है।

पथिक ने उत्साह के साथ जाकर उस युवक के कंधे को पकड़ कर हिलाया। युवक का ध्यान टूटा। उसने पलटकर देखा।

२

पथिक का वीर-वेश भी सुन्दर था। उसकी खड़ी मूँछें उसके स्वाभाविक गर्व को तनकर जता रही थीं। युवक को उसके इस असभ्य बर्ताव पर क्रोध तो आया, पर कुछ सोचकर वह चुप हो रहा। और, इधर पथिक ने सरल स्वर से एक छोटा-सा प्रश्न कर दिया-क्यों भई, तुम्हारा नाम क्या है?

युवक ने उत्तर दिया-रामप्रसाद।

पथिक-यहाँ कहाँ रहते हो? अगर बाहर के रहने वाले हो, तो चलो, हमारे घर पर आज ठहरो।

युवक कुछ न बोला, किन्तु उसने एक स्वीकार-सूचक इंगित किया। पथिक और युवक, दोनों, अश्व के समीप आये। पथिक ने उसकी लगाम हाथ में ले ली। दोनों पैदल ही सड़क की ओर बढ़े।

दोनों एक विशाल दुर्ग के फाटक पर पहुँचे और उसमें प्रवेश किया। द्वार के रक्षकों ने उठकर आदर के साथ उस पथिक को अभिवादन किया। एक ने बढ़कर घोड़ा थाम लिया। अब दोनों ने बड़े दालानों और अमराइयों को पार करके एक छोटे से पाईं बाग में प्रवेश किया।

रामप्रसाद चकित था, उसे यह नहीं ज्ञात होता था कि वह किसके संग कहाँ जा रहा है। हाँ, यह उसे अवश्य प्रतीत हो गया कि यह पथिक इस दुर्ग का कोई प्रधान पुरुष है।

पाईं बाग में बीचोबीच एक चबूतरा था, जो संगमरमर का बना था। छोटी-छोटी सीढ़ियाँ चढ़कर दोनों उस पर पहुँचे। थोड़ी देर में एक दासी पानदान और दूसरी वारुणी की बोतल लिये हुए आ पहुँची।

पथिक, जिसे अब हम पथिक न कहेंगे, ग्वालियर-दुर्ग का किलेदार था, मुगल सम्राट अकबर के सरदारों में से था। बिछे हुए पारसी कालीन पर मसनद के सहारे वह बैठ गया। दोनों दासियाँ फिर एक हुक्का ले आईं और उसे रखकर मसनद के पीछे खड़ी होकर चँवर करने लगीं। एक ने रामप्रसाद की ओर बहुत बचाकर देखा।

युवक सरदार ने थोड़ी-सी वारुणी ली। दो-चार गिलौरी पान की खाकर फिर वह हुक्का खींचने लगा। रामप्रसाद क्या करे; बैठे-बैठे सरदार का मुँह देख रहा था। सरदार के ईरानी चेहरे पर वारुणी ने वार्निश का काम किया। उसका चेहरा चमक उठा। उत्साह से भरकर उसने कहा-रामप्रसाद, कुछ-कुछ गाओ। यह उस दासी की ओर देख रहा था।

३

रामप्रसाद, सरदार के साथ बहुत मिल गया। उसे अब कहीं भी रोक-टोक नहीं है। उसी पाईं-बाग में उसके रहने की जगह है। अपनी खिचड़ी आँच पर चढ़ाकर प्राय: चबूतरे पर आकर गुनगुनाया करता। ऐसा करने की उसे मनाही नहीं थी। सरदार भी कभी-कभी खड़े होकर बड़े प्रेम से उसे सुनते थे। किन्तु उस गुनगुनाहट ने एक बड़ा बेढब कार्य किया। वह यह कि सरदार-महल की एक नवीना दासी, उस गुनगुनाहट की धुन में, कभी-कभी पान में चूना रखना भूल जाया करती थी, और कभी-कभी मालकिन के 'किताब' माँगने पर 'आफ़ताबा' ले जाकर बड़ी लज्जित होती थी। पर तो भी बरामदे में से उसे एक बार उस चबूतरे की ओर देखना ही पड़ता था।

रामप्रसाद को कुछ नहीं-वह जंगली जीव था। उसे इस छोटे-से उद्यान में रहना पसन्द नहीं था, पर क्या करे। उसने भी एक कौतुक सोच रक्खा था। जब उसके स्वर में मुग्ध होकर कोई अपने कार्य में च्युत हो जाता, तब उसे बड़ा आनन्द मिलता।

सरदार अपने कार्य में व्यस्त रहते थे। उन्हें सन्ध्या को चबूतरे पर बैठकर रामप्रसाद के दो-एक गाने सुनने का नशा हो गया था। जिस दिन गाना नहीं सुनते, उस दिन उनको वारुणी में नशा कम हो जाता-उनकी विचित्र दशा हो जाती थी। रामप्रसाद ने एक दिन अपने पूर्व-परिचित सरोवर पर जाने के लिए छुट्टी माँगी; मिल भी गई।

सन्ध्या को सरदार चबूतरे पर नहीं बैठे, महल में चले गये। उनकी स्त्री ने कहा-आज आप उदास क्यों हैं?

सरदार-रामप्रसाद के गाने में मुझे बड़ा ही सुख मिलता है।

सरदार-पत्नी-क्या आपका रामप्रसाद इतना अच्छा गाता है जो उसके बिना आपको चैन नहीं?

मेरी समझ में मेरी बाँदी उससे अच्छा गा सकती है।

सरदार-(हँसकर) भला! उसका नाम क्या है?

सरदार-पत्नी-वही, सौसन-जिसे में देहली से खरीदकर ले आई हूँ।

सरदार-क्या खूब! अजी, उसको तो मैं रोज देखता हूँ। वह गाना जानती होती, तो क्या मैं आज तक न सुन सकता।

सरदार-पत्नी-तो इसमें बहस की कोई जरूरत नहीं है। कल उसका और रामप्रसाद का सामना कराया जावे।

सरदार-क्या हर्ज।

४

आज उस छोटे-से उद्यान में अच्छी सज-धज है। साज लेकर दासियाँ बजा रही हैं। 'सौसन' संकुचित होकर रामप्रसाद के सामने बैठी है। सरदार ने उसे गाने की आज्ञा दी। उसने गाना आरम्भ किया-

> कहो री, जो कहिबे की होई।
> बिरह बिथा अन्तर की वेदन सो जाने जेहि होई।।
> ऐसे कठिन भये पिय प्यारे काहि सुनावों रोई।
> 'सूरदास' सुखमूरि मनोहर लै जुगयो मन गोई।।

कमनीय कामिनी-कण्ठ की प्रत्येक तान में ऐसी सुन्दरता थी कि सुननेवाले बजानेवाले-सब चित्र लिखे-से हो गये। रामप्रसाद की विचित्र दशा थी, क्योंकि सौसन के स्वाभाविक भाव, जो उसकी ओर देखकर होते थे-उसे मुग्ध किये हुए थे।

रामप्रसाद गायक था, किन्तु रमणी-सुलभ भ्रू-भाव उसे नहीं आते थे। उसकी अन्तरात्मा ने उससे धीरे-से कहा कि 'सर्वस्व हार चुका'!

सरदार ने कहा-रामप्रसाद, तुम भी गाओ। वह भी एक अनिवार्य आकर्षण से-इच्छा न रहने पर भी, गाने लगा।

हमारो हिरदय कलिसहु जीत्यो।

फटत न सखी अजहुँ उहि आसा बरिस दिवस पर बीत्यो।।

हमहूँ समुझि पर्यो नीके कर यह आसा तनु रीत्यो।

'सूरस्याम' दासी सुख सोवहु भयउ उभय मन चीत्यो।

सौसन के चेहरे पर गाने का भाव एकबारगी अरुणिमा में प्रगट हो गया। रामप्रसाद ने ऐसे करुण स्वर से इस पद को गाया कि दोनों मुग्ध हो गये।

सरदार ने देखा कि मेरी जीत हुई। प्रसन्न होकर बोल उठा-रामप्रसाद, जो इच्छा हो, माँग लो।

यह सुनकर सरदार-पत्नी के यहाँ से एक बाँदी आई और सौसन से बोली-बेगम ने कहा है कि तुम्हें भी जो माँगना हो, हमसे माँग लो।

रामप्रसाद ने थोड़ी देर तक कुछ न कहा। जब दूसरी बार सरदार ने माँगने को कहा, तब उसका चेहरा कुछ अस्वाभाविक-सा हो उठा। वह विक्षिप्त स्वर से बोल उठा-यदि आप अपनी बात पर दृढ़ हों, तो 'सौसन' को मुझे दे दीजिये।

उसी समय सौसन भी उस बाँदी से बोली-बेगम साहिबा यदि कुछ मुझे देना चाहें, तो अपने दासीपन से मुझे मुक्त कर दें।

बाँदी भीतर चली गई। सरदार चुप रह गये। बाँदी फिर आई और बोली-बेगम ने तुम्हारी प्रार्थना स्वीकार की और यह हार दिया है।

इतना कहकर उसने एक जड़ाऊ हार सौसन को पहना दिया।

सरदार ने कहा-रामप्रसाद, आज से तुम 'तानसेन' हुए। यह सौसन भी तुम्हारी हुई; लेकिन धरम से इसके साथ ब्याह करो।

तानसेन ने कहा-आज से हमारा धर्म 'प्रेम' है।

चंदा

१

चैत्र-कृष्णाष्टमी का चन्द्रमा अपना उज्ज्वल प्रकाश 'चन्द्रप्रभा' के निर्मल जल पर डाल रहा है। गिरि-श्रेणी के तरुवर अपने रंग को छोड़कर धवलित हो रहे हैं; कल-नादिनी समीर के संग धीरे-धीरे बह रही है। एक शिला-तल पर बैठी हुई कोलकुमारी सुरीले स्वर से-'दरद दिल काहि सुनाऊँ प्यारे! दरद' ...गा रही है।

गीत अधूरा ही है कि अकस्मात् एक कोलयुवक धीर-पद-संचालन करता हुआ उस रमणी के सम्मुख आकर खड़ा हो गया। उसे देखते ही रमणी की हृदय-तन्त्री बज उठी। रमणी बाह्य-स्वर भूलकर आन्तरिक स्वर से सुमधुर संगीत गाने लगी और उठकर खड़ी हो गई। प्रणय के वेग को सहन न करके वर्षा-वारिपूरिता स्रोतस्विनी के समान कोलकुमार के कंध-कूल से रमणी ने आलिंगन किया।

दोनों उसी शिला पर बैठ गये, और निर्निमेष सजल नेत्रों से परस्पर अवलोकन करने लगे। युवती ने कहा-तुम कैसे आये?

युवक-जैसे तुमने बुलाया।

युवती-(हँसकर) हमने तुम्हें कब बुलाया? और क्यों बुलाया?

युवक-गाकर बुलाया, और दरद सुनाने के लिये।

युवती-(दीर्घ नि:श्वास लेकर) कैसे क्या करूँ? पिता ने तो उसी से विवाह करना निश्चय किया है।

युवक-(उत्तेजना से खड़ा होकर) तो जो कहो, मैं करने के लिए प्रस्तुत हूँ।

युवती-(चन्द्रप्रभा की ओर दिखाकर) बस, यही शरण है।

युवक-तो हमारे लिए कौन दूसरा स्थान है?

युवती-मैं तो प्रस्तुत हूँ।

युवक-हम तुम्हारे पहले।

युवती ने कहा-तो चलो।

युवक ने मेघ-गर्जन-स्वर से कहा-चलो।

दोनों हाथ में हाथ मिलाकर पहाड़ी से उतरने लगे। दोनों उतरकर चन्द्रप्रभा के तट पर आये, और एक शिला पर खड़े हो गये। तब युवती ने कहा-अब विदा!

युवक ने कहा-किससे? मैं तो तुम्हारे साथ-जब तक सृष्टि रहेगी तब तक-रहूँगा।

इतने ही में शाल-वृक्ष के नीचे एक छाया दिखाई पड़ी और वह इन्हीं दोनों की ओर आती हुई दिखाई देने लगी। दोनों ने चकित होकर देखा कि एक कोल खड़ा है। उसने गम्भीर स्वर से युवती से पूछा-चंदा! तू यहाँ क्यों आई?

युवती-तुम पूछने वाले कौन हो?

आगन्तुक युवक-मैं तुम्हारा भावी पति 'रामू' हूँ।

युवती-मैं तुमसे ब्याह न करूँगी।

आगन्तुक युवक-फिर किससे तुम्हारा ब्याह होगा?

युवती ने पहले के आये हुए युवक की ओर इंगित करके कहा-इन्हीं से।

आगन्तुक युवक से अब न सहा गया। घूमकर पूछा-क्यों हीरा! तुम ब्याह करोगे?

हीरा-तो इसमें तुम्हारा क्या तात्पर्य है?

रामू-तुम्हें इससे अलग हो जाना चाहिये।

हीरा-क्यों, तुम कौन होते हो?

रामू-हमारा इससे संबंध पक्का हो चुका है।

हीरा-पर जिससे संबंध होने वाला है, वह सहमत न हो, तब?

रामू-क्यों चंदा! क्या कहती हो?

चंदा-मैं तुमसे ब्याह न करूँगी।

रामू-तो हीरा से भी तुम ब्याह नहीं कर सकतीं!

चंदा-क्यों?

रामू-(हीरा से) अब हमारा-तुम्हारा फैसला हो जाना चाहिये, क्योंकि एक म्यान में दो तलवारें नहीं रह सकतीं।

इतना कहकर हीरा के ऊपर झपटकर उसने अचानक छुरे का वार किया।

हीरा, यद्यपि सचेत हो रहा था; पर उसको सम्हलने में विलम्ब हुआ, इससे घाव लग गया, और वह वक्ष थामकर बैठ गया। इतने में चंदा जोर से क्रन्दन कर उठी-साथ ही एक वृद्ध भील आता हुआ दिखाई पड़ा।

२

युवती मुँह ढाँपकर रो रही है, और युवक रक्ताक्त छूरा लिये, घृणा की दृष्टि से खड़े हुए, हीरा की ओर देख रहा है। विमल चन्द्रिका में चित्र की तरह वे दिखाई दे रहे हैं। वृद्ध को जब चंदा ने देखा, तो और वेग से रोने लगी। उस दृश्य को देखते ही वृद्ध कोल-पति सब बात समझ गया, और रामू के समीप जाकर छूरा उसके हाथ से ले लिया, और आज्ञा के स्वर में कहा-तुम दोनों हीरा को उठाकर नदी के समीप ले चलो।

इतना कहकर वृद्ध उन सबों के साथ आकर नदी-तट पर जल के समीप खड़ा हो गया। रामू और चंदा दोनों ने मिलकर उसके घाव को धोया और हीरा के मुँह पर छींटा दिया, जिससे उसकी मूर्च्छा दूर हुई। तब वृद्ध ने सब बातें हीरा से पूछीं; पूछ लेने पर रामू से कहा-क्यों, यह सब ठीक है?

रामू ने कहा-सब सत्य है।

वृद्ध-तो तुम अब चंदा के योग्य नहीं हो, और यह छूरा भी-जिसे हमने तुम्हें दिया था। तुम्हारे योग्य नहीं है। तुम शीघ्र ही हमारे जंगल से चले जाओ, नहीं तो तुम्हारा हाल महाराज से कह देंगे, और उसका क्या परिणाम होगा सो तुम स्वयं समझ सकते हो। (हीरा की ओर देखकर) बेटा! तुम्हारा घाव शीघ्र अच्छा हो जायगा, घबड़ाना नहीं, चंदा तुम्हारी ही होगी।

यह सुनकर चंदा और हीरा का मुख प्रसन्नता से चमकने लगा, पर हीरा ने लेटे-ही-लेटे हाथ जोड़कर कहा-पिता! एक बात कहनी है, यदि आपकी आज्ञा हो।

वृद्ध-हम समझ गये, बेटा! रामू विश्वासघाती है।

हीरा-नहीं पिता! अब वह ऐसा कार्य नहीं करेगा। आप क्षमा करेंगे, मैं ऐसी आशा करता हूँ।

वृद्ध-जैसी तुम्हारी इच्छा।

कुछ दिन के बाद जब हीरा अच्छी प्रकार से आरोग्य हो गया, तब उसका ब्याह चंदा से हो गया। रामू भी उस उत्सव में सम्मिलित हुआ, पर उसका बदन मलीन और चिन्तापूर्ण था। वृद्ध कुछ ही काल में अपना पद हीरा को सौंप स्वर्ग को सिधारा। हीरा और चंदा सुख से विमल चाँदनी में बैठकर पहाड़ी झरनों का कल-नाद-मय आनन्द-संगीत सुनते थे।

३

अंशुमाली अपनी तीक्ष्ण किरणों से वन्य-देश को परितापित कर रहे हैं। मृग-सिंह एक स्थान पर बैठकर, छाया-सुख में अपने बैर-भाव को भूलकर, ऊँघ रहे हैं। चन्द्रप्रभा के तट पर पहाड़ी की एक गुहा में जहाँ कि छतनार पेड़ों की छाया उष्ण वायु को भी शीतल कर देती है, हीरा और चंदा बैठे हैं। हृदय के अनन्त विकास से उनका मुख प्रफुल्लित दिखाई पड़ता है। उन्हें वस्त्र के लिये वृक्षगण वल्कल देते हैं; भोजन के लिये प्याज, मेवा इत्यादि जंगली सुस्वादु फल, शीतल स्वछन्द पवन; निवास के लिये गिरि-गुहा; प्राकृतिक झरनों का शीतल जल उनके सब अभावों को दूर करता है, और सबल तथा स्वछन्द बनाने में ये सब सहायता देते हैं। उन्हें किसी की अपेक्षा नहीं पड़ती। अस्तु, उन्हीं सब सुखों से आनन्दित व्यक्तिद्वय 'चन्द्रप्रभा' के जल का कल-नाद सुनकर अपनी हृदय-वीणा को बजाते हैं।

चंदा-प्रिय! आज उदासीन क्यों हो?

हीरा-नहीं तो, मैं यह सोच रहा हूँ कि इस वन में राजा आने वाले हैं। हम लोग यद्यपि अधीन नहीं हैं तो भी उन्हें शिकार खेलाया जाता है, और इसमें हम लोगों की कुछ हानि भी नहीं है। उसके प्रतिकार में हम लोगों को कुछ मिलता है, पर आजकल इस वन में जानवर दिखाई नहीं पड़ते। इसलिये सोचता हूँ कि कोई शेर या छोटा चीता भी मिल जाता, तो कार्य हो जाता।

चंदा-खोज किया था?

हीरा-हाँ, आदमी तो गया है।

इतने में एक कोल दौड़ता हुआ आया, और कहा राजा आ गये हैं और तहखाने में बैठे हैं। एक तेंदुआ भी दिखाई दिया है।

हीरा का मुख प्रसन्नता से चमकने लगा, और वह अपना कुल्हाड़ा सम्हालकर उस आगन्तुक के साथ वहाँ पहुँचा, जहाँ शिकार का आयोजन हो चुका था।

राजा साहब झंझरी में बंदूक की नाल रखे हुए ताक रहे हैं। एक ओर से बाजा बज उठा। एक चीता भागता हुआ सामने से निकला। राजा साहब ने उस पर वार किया। गोली लगी, पर चमड़े को छेदती हुई पार हो गई; इससे वह जानवर भागकर निकल गया। अब तो राजा साहब बहुत ही दुःखित हुए। हीरा को बुलाकर कहा-क्यों जी, यह जानवर नहीं मिलेगा?

उस वीर कोल ने कहा-क्यों नहीं?

इतना कहकर वह उसी ओर चला। झाड़ी में, जहाँ वह चीता घाव से व्याकुल बैठा था, वहाँ पहुँचकर उसने देखना आरम्भ किया। क्रोध से भरा हुआ चीता उस कोल-युवक को देखते ही झपटा।

युवक असावधानी के कारण वार न कर सका, पर दोनों हाथों से उस भयानक जन्तु की गर्दन को पकड़ लिया, और उसने भी इसके कंधे पर अपने दोनों पंजों को जमा दिया।

दोनों में बल-प्रयोग होने लगा। थोड़ी देर में दोनों जमीन पर लेट गये।

४

यह बात राजा साहब को विदित हुई। उन्होंने उसकी मदद के लिए कोलों को जाने की आज्ञा दी। रामू उस अवसर पर था। उसने सबके पहले जाने के लिए पैर बढ़ाया, और चला। वहाँ जब पहुँचा, तो उस दृश्य को देखकर घबड़ा गया, और हीरा से कहा-हाथ ढीला कर; जब यह छोड़ने लगे, तब गोली मारूँ, नहीं तो सम्भव है कि तुम्हीं को लग जाय।

हीरा-नहीं, तुम गोली मारो।

रामू-तुम छोड़ो तो मैं वार करूँ।

हीरा-नहीं, यह अच्छा नहीं होगा।

रामू-तुम उसे छोड़ो, मैं अभी मारता हूँ।

हीरा-नहीं, तुम वार करो।

रामू-वार करने से सम्भव है कि उछले और तुम्हारे हाथ छूट जायँ, तो तुमको यह तोड़ डालेगा।

हीरा-नहीं, तुम मार लो, मेरा हाथ ढीला हुआ जाता है।

रामू-तुम हठ करते हो, मानते नहीं।

इतने में हीरा का हाथ कुछ बात-चीत करते-करते ढीला पड़ा; वह चीता उछलकर हीरा की कमर को पकड़कर तोड़ने लगा।

रामू खड़ा होकर देख रहा है, और पैशाचिक आकृति उस घृणित पशु के मुख पर लक्षित हो रही है और वह हँस रहा है।

हीरा टूटी हुई साँस से कहने लगा-अब भी मार ले।

रामू ने कहा-अब तू मर ले, तब वह भी मारा जायेगा। तूने हमारा हृदय निकाल लिया है, तूने हमारा घोर अपमान किया है, उसी का प्रतिफल है। इसे भोग।

हीरा को चीता खाये डालता है; पर उसने कहा-नीच! तू जानता है कि 'चंदा' अब तेरी होगी। कभी नहीं! तू नीच है-इस चीते से भी भयंकर जानवर है।

रामू ने पैशाचिक हँसी हँसकर कहा-चंदा अब तेरी तो नहीं है, अब वह चाहे जिसकी हो।

हीरा ने टूटी हुई आवाज से कहा-तुझे इस विश्वासघात का फल शीघ्र मिलेगा और चंदा फिर हमसे मिलेगी। चंदा...प्यारी...च...

इतना उसके मुख से निकला ही था कि चीते ने उसका सिर दाँतों के तले दाब लिया। रामू देखकर पैशाचिक हँसी हँस रहा था। हीरा के समाप्त हो जाने पर रामू लौट आया, और झूठी बातें बनाकर राजा से कहा कि उसको हमारे जाने के पहले ही चीता ने मार लिया।

राजा बहुत दुखी हुए, और जंगल की सरदारी रामू को मिली।

५

बसंत की राका चारों ओर अनूठा दृश्य दिखा रही है। चन्द्रमा न मालूम किस लक्ष्य की ओर

दौड़ा चला जा रहा है; कुछ पूछने से भी नहीं बताता। कुटज की कली का परिमल लिये पवन भी न मालूम कहाँ दौड़ रहा है; उसका भी कुछ समझ नहीं पड़ता। उसी तरह, चन्द्रप्रभा के तीर पर बैठी हुई कोल-कुमारी का कोमल कण्ठ-स्वर भी किस धुन में है-नहीं ज्ञात होता।

अकस्मात् गोली की आवाज ने उसे चौंका दिया। गाने के समय जो उसका मुख उद्वेग और करुणा से पूर्ण दिखाई पड़ता था, वह घृणा और क्रोध से रंजित हो गया, और वह उठकर पुच्छमर्दिता सिंहनी के समान तनकर खड़ी हो गई, और धीरे से कहा-यही समय है। ज्ञात होता है, राजा इस समय शिकार खेलने पुन: आ गये हैं-बस, वह अपने वस्त्र को ठीक करके कोल-बालक बन गई, और कमर में से एक चमचमाता हुआ छुरा निकालकर चूमा। वह चाँदनी में चमकने लगा। फिर वह कहने लगी-यद्यपि तुमने हीरा का रक्तपात कर लिया है, लेकिन पिता ने रामू से तुम्हें ले लिया है। अब तुम हमारे हाथ में हो, तुम्हें आज रामू का भी खून पीना होगा।

इतना कहकर वह गोली के शब्द की ओर लक्ष्य करके चली। देखा कि तहखाने में राजा साहब बैठे हैं। शेर को गोली लग चुकी है, और वह भाग गया है, उसका पता नहीं लग रहा है, रामू सरदार है, अतएव उसको खोजने के लिए आज्ञा हुई, वह शीघ्र ही सन्नद्ध हुआ। राजा ने कहा-कोई साथी लेते जाओ।

पहले तो उसने अस्वीकार किया, पर जब एक कोल युवक स्वयं साथ चलने को तैयार हुआ, तो वह नहीं भी न कर सका, और सीधे-जिधर शेर गया था, उसी ओर चला। कोल-बालक भी उसके पीछे हैं। वहाँ घाव से व्याकुल शेर चिंघाड़ रहा है, इसने जाते ही ललकारा। उसने तत्काल ही निकलकर वार किया। रामू कम साहसी नहीं था, उसने उसके खुले मुँह में निर्भीक होकर बन्दूक की नाल डाल दी; पर उसके जरा-सा मुँह घुमा लेने से गोली चमड़ा छेदकर पार निकल गई, और शेर ने क्रुद्ध होकर दाँत से बंदूक की नाल दबा ली। अब दोनों एक दूसरे को ढकेलने लगे; पर कोल-बालक चुपचाप खड़ा है। रामू ने कहा-मार, अब देखता क्या है?

युवक-तुम इससे बहुत अच्छी तरह लड़ रहे हो।

रामू-मारता क्यों नहीं?

युवक-इसी तरह शायद हीरा से भी लड़ाई हुई थी, क्या तुम नहीं लड़ सकते?

रामू-कौन, चंदा! तुम हो? आह, शीघ्र ही मारो, नहीं तो अब यह सबल हो रहा है।

चंदा ने कहा-हाँ, लो मैं मारती हूँ, इसी छुरे से हमारे सामने तुमने हीरा को मारा था, यह वही छुरा है, यह तुझे दु:ख से निश्चय ही छुड़ावेगा-इतना कहकर चंदा ने रामू की बगल में छुरा उतार दिया। वह छटपटाया। इतने ही में शेर को मौका मिला, वह भी रामू पर टूट पड़ा और उसका इति कर आप भी वहीं गिर पड़ा।

चंदा ने अपना छुरा निकाल लिया, और उसको चाँदनी में रंगा हुआ देखने लगी, फिर खिलखिलाकर हँसी और कहा, -'दरद दिल काहि सुनाऊँ प्यारे!' फिर हँसकर कहा-हीरा! तुम देखते होगे, पर अब तो यह छुरा ही दिल की दाह सुनेगा। इतना कहकर अपनी छाती में उसे भोंक लिया और उसी जगह गिर गई, और कहने लगी......हीरा......हम......तुमसे तुमसे......मिले ही......

चन्द्रमा अपने मन्द प्रकाश में यह सब देख रहा था।

ग्राम

१

टन! टन! टन! स्टेशन पर घण्टी बोली।

श्रावण-मास की सन्ध्या भी कैसी मनोहारिणी होती है! मेघ-माला-विभूषित गगन की छाया सघन रसाल-कानन में पड़ रही है! अँधियारी धीरे-धीरे अपना अधिकार पूर्व-गगन में जमाती हुई, सुशासनकारिणी महाराणी के समान, विहंग प्रजागण को सुख-निकेतन में शयन करने की आज्ञा दे रही है। आकाशरूपी शासन-पत्र पर प्रकृति के हस्ताक्षर के समान बिजली की रेखा दिखाई पड़ती है...ग्राम्य स्टेशन पर कहीं एक-दो दीपालोक दिखाई पड़ता है। पवन हरे-हरे निकुञ्जों में से भ्रमण करता हुआ झिल्ली के झनकार के साथ भरी हुई झीलों में लहरों के साथ खेल रहा है। बूँदियाँ धीरे-धीरे गिर रही हैं, जो जूही की कलियों को आद्र्र करके पवन को भी शीतल कर रही हैं।

थोड़े समय में वर्षा बंद हो गई। अन्धकार-रूपी अंजन के अग्रभाग-स्थित आलोक के समान चतुर्दशी की लालिमा को लिये हुए चन्द्रदेव प्राची में हरे-हरे तरुवरों की आड़ में से अपनी किरण-प्रभा दिखाने लगे। पवन की सनसनाहट के साथ रेलगाड़ी का शब्द सुनाई पड़ने लगा। सिग्नलर ने अपना कार्य किया। घण्टा का शब्द उस हरे-भरे मैदान में गूंजने लगा। यात्री लोग अपनी गठरी बाँधते हुए स्टेशन पर पहुँचे। महादैत्य के लाल-लाल नेत्रों के समान अंजन-गिरिनिभ इंजिन का अग्रस्थित रक्त-आलोक दिखाई देने लगा। पागलों के समान बड़बड़ाती हुई अपनी धुन की पक्की रेलगाड़ी स्टेशन पर पहुँच गई। धड़ाधड़ यात्री लोग उतरने-चढ़ने लगे। एक स्त्री की ओर देखकर फाटक के बाहर खड़ी हुई दो औरतें-जो उसकी सहेली मालूम देती हैं-रो रही हैं, और वह स्त्री एक मनुष्य के साथ रेल में बैठने को उद्यत है। उनकी क्रन्दन-ध्वनि से वह स्त्री दीन-भाव से उनकी ओर देखती हुई, बिना समझे हुए, सेकंड क्लास की गाड़ी में चढ़ने लगी; पर उसमें बैठे हुए बाबू साहब- 'यह दूसरा दर्जा है, इसमें मत चढ़ो' कहते हुए उतर पड़े, और अपना हण्टर घुमाते हुए स्टेशन से बाहर होने का उद्योग करने लगे।

विलायती पिक का वृचिस पहने, बूट चढ़ाये, हण्टिंग कोट, धानी रंग का साफा, अंग्रेजी हिन्दुस्तानी का महासम्मेलन बाबू साहब के अंग पर दिखाई पड़ रहा है। गौर वर्ण, उन्नत ललाट-उसकी आभा को बढ़ा रहे हैं। स्टेशन मास्टर से सामना होते ही शेकहैंड करने के उपरान्त बाबू साहब से बातचीत होने लगी।

स्टेशन मास्टर-आप इस वक्त कहाँ से आ रहे हैं?

मोहन-कारिंदों ने इलाके में बड़ा गड़बड़ मचा रक्खा है, इसलिये मैं कुसुमपुर-जो कि हमारा इलाका है-इंस्पेक्शन के लिए जा रहा हूँ।

स्टेशन मास्टर-फिर कब पलटियेगा?

मोहन-दो रोज में। अच्छा, गुड इवनिंग।

स्टेशन मास्टर, जो लाइन-क्लियर दे चुके थे, गुड इवनिंग करते हुए अपने आफिस में घुस गये।

बाबू मोहनलाल अंग्रेजी काठी से सजे हुए घोड़े पर, जो पूर्व ही स्टेशन पर खड़ा था, सवार होकर चलते हुए।

२

सरलस्वभावा ग्रामवासिनी कुलकामिनीगण का सुमधुर संगीत धीरे-धीरे आम्र-कानन में से निकलकर चारों ओर गूँज रहा है। अन्धकार गगन में जुगनू-तारे चमक-चमक कर चित्त को चंचल कर रहे हैं। ग्रामीण लोग अपना हल कंधे पर रक्खे, बिरहा गाते हुए, बैलों की जोड़ी के साथ, घर की ओर प्रत्यावर्तन कर रहे हैं।

एक विशाल तरुवर की शाखा में झूला पड़ा हुआ है, उस पर चार महिलाएँ बैठी हैं, और पचासों उसको घेरकर गाती हुई घूम रही हैं। झूले के पेंग के साथ 'अबकी सावन सइयाँ घर रहु रे' की सुरीली पचासों कोकिल-कण्ठ से निकली हुई तान पशुगणों को भी मोहित कर रही है। बालिकाएँ स्वच्छन्द भाव से क्रीड़ा कर रही हैं। अकस्मात् अश्व के पद-शब्द ने उन सरला कामिनियों को चौंका दिया। वे सब देखती हैं, तो हमारे पूर्व-परिचित बाबू मोहनलाल घोड़े को रोककर उस पर से उतर रहे हैं। वे सब उनका भेष देखकर घबड़ा गयीं और आपस में कुछ इंगित करके चुप रह गयीं।

बाबू मोहनलाल ने निस्तब्धता को भंग किया, और बोले-भद्रे! यहाँ से कुसुमपुर कितनी दूर है? और किधर से जाना होगा? एक प्रौढ़ा ने सोचा कि 'भद्रे' कोई परिहास-शब्द तो नहीं है, पर वह कुछ कह न सकी, केवल एक ओर दिखाकर बोली-इहाँ से डेढ़ कोस तो बाय, इहै पैंड़वा जाई।

बाबू मोहनलाल उसी पगडंडी से चले। चलते-चलते उन्हें भ्रम हो गया, और वह अपनी छावनी का पथ छोड़कर दूसरे मार्ग से जाने लगे। मेघ घिर आये, जल वेग से बरसने लगा, अन्धकार और घना हो गया। भटकते-भटकते वह एक खेत के समीप पहुँचे; वहाँ उस हरे-भरे खेत में एक ऊँचा और बड़ा मचान था, जो कि फूस से छाया हुआ था, और समीप ही में एक छोटा-सा कच्चा मकान था।

उस मचान पर बालक और बालिकाएँ बैठी हुई कोलाहल मचा रही थीं। जल में भीगते हुए भी मोहनलाल खेत के समीप खड़े होकर उनके आनन्द-कलरव को श्रवण करने लगे।

भ्रान्त होने से उन्हें बहुत समय व्यतीत हो गया। रात्रि अधिक बीत गयी। कहाँ ठहरें? इसी विचार में वह खड़े रहे, बूँदें कम हो गयीं। इतने में एक बालिका अपने मलिन वसन के अंचल की आड़ में दीप लिये हुए उसी मचान की ओर जाती हुई दिखाई पड़ी।

३

बालिका की अवस्था 15 वर्ष की है। आलोक से उसका अंग अन्धकार-घन में विद्युल्लेखा की तरह चमक रहा था। यद्यपि दरिद्रता ने उसे मलिन कर रक्खा है, पर ईश्वरीय सुषमा उसके कोमल अंग पर अपना निवास किये हुए है। मोहनलाल ने घोड़ा बढ़ाकर उससे कुछ पूछना चाहा, पर संकुचित होकर ठिठक गये। परन्तु पूछने के अतिरिक्त दूसरा उपाय ही नहीं था। अस्तु, रूखेपन के साथ पूछा-कुसुमपुर का रास्ता किधर है?

बालिका इस भव्य मूर्ति को देखकर डरी, पर साहस के साथ बोली-मैं नहीं जानती। ऐसे सरल नेत्र-संचालन से इंगित करके उसने ये शब्द कहे कि युवक को क्रोध के स्थान में हँसी आ गयी और कहने लगा-तो जो जानता हो, मुझे बतलाओ, मैं उससे पूछ लूँगा।

बालिका-हमारी माता जानती होंगी।

मोहन-इस समय तुम कहाँ जाती हो?

बालिका-(मचान की ओर दिखाकर) वहाँ जो कई लड़के हैं, उनमें से एक हमारा भाई है, उसी

को खिलाने जाती हूँ।

मोहन-बालक इतनी रात को खेत में क्यों बैठा है?

बालिका-वह रात-भर और लडक़ों के साथ खेत में ही रहता है।

मोहन-तुम्हारी माँ कहाँ है?

बालिका-चलिये, मैं लिवा चलती हूँ।

इतना कहकर बालिका अपने भाई के पास गयी, और उसको खिलाकर तथा उसके पास बैठे हुए लडक़ों को भी कुछ देकर उसी क्षुद्र-कुटीराभिमुख गमन करने लगी। मोहनलाल उस सरला बालिका के पीछे चले।

४

उस क्षुद्र कुटीर में पहुँचने पर एक स्त्री मोहनलाल को दिखाई पड़ी, जिसकी अंगप्रभा स्वर्ण-तुल्य थी, तेजोमय मुख-मण्डल, तथा ईषत् उन्नत अधर अभिमान से भरे हुए थे, अवस्था उसकी 50 वर्ष से अधिक थी। मोहनलाल की आन्तरिक अवस्था, जो ग्राम्य जीवन देखने से कुछ बदल चुकी थी, उस सरल गम्भीर तेजोमय मूर्ति को देख और भी सरल विनययुक्त हो गयी। उसने झुककर प्रणाम किया। स्त्री ने आशीर्वाद दिया और पूछा-बेटा! कहाँ से आते हो?

मोहन-मैं कुसुमपुर जाता था, किन्तु रास्ता भूल गया......।

'कुसुमपुर' का नाम सुनते ही स्त्री का मुख-मण्डल आरक्तिम हो गया और उसके नेत्र से दो बूंद आँसू निकल आये। वे अश्रु करुणा के नहीं किन्तु अभिमान के थे।

मोहनलाल आश्चर्यान्वित होकर देख रहे थे। उन्होंने पूछा-आपको कुसुमपुर के नाम से क्षोभ क्यों हुआ?

स्त्री-बेटा! उसकी बड़ी कथा है, तुम सुनकर क्या करोगे?

मोहन-नहीं, मैं सुनना चाहता हूँ, यदि आप कृपा करके सुनावें।

स्त्री-अच्छा, कुछ जलपान कर लो, तब सुनाऊँगी।

पुन: बालिका की ओर देखकर स्त्री ने कहा-कुछ जल पीने को ले आओ।

आज्ञा पाते ही बालिका उस क्षुद्र गृह के एक मिट्टी के बर्तन में से कुछ वस्तु निकाल, उसे एक पात्र में घोलकर ले आयी, और मोहनलाल के सामने रख दिया। मोहनलाल उस शर्बत को पान करके फूस की चटाई पर बैठकर स्त्री की कथा सुनने लगे।

५

स्त्री कहने लगी-हमारे पति इस प्रान्त के गण्य भूस्वामी थे, और वंश भी हम लोगों का बहुत उच्च था। जिस गाँव का अभी आपने नाम लिया है, वही हमारे पति की प्रधान जमींदारी थी। कार्यवश कुंदनलाल नामक एक महाजन से कुछ ऋण लिया गया। कुछ भी विचार न करने से उनका बहुत रुपया बढ़ गया, और जब ऐसी अवस्था पहुँची तो अनेक उपाय करके हमारे पति धन जुटाकर उनके पास ले गये, तब उस धूर्त ने कहा-क्या हर्ज है बाबू साहब! आप आठ रोज में आना, हम रुपया ले लेंगे, और जो घाटा होगा, उसे छोड़ देंगे, आपका इलाका फिर जायगा, इस समय रेहननामा भी नहीं मिल रहा है। उसका विश्वास करके हमारे पति फिर बैठ रहे, और उसने कुछ भी न पूछा। उनकी उदारता के कारण वह संचित धन भी थोड़ा हो गया, और उधर उसने दावा करके इलाका-जो कि वह ले लेना चाहता था-बहुत थोड़े रुपये में नीलाम करा लिया। फिर हमारे पति के हृदय में, उस इलाके के इस

भाँति निकल जाने के कारण, बहुत चोट पहुँची, और इसी से उनकी मृत्यु हो गयी। इस दशा के होने के उपरान्त हम लोग इस दूसरे गाँव में आकर रहने लगीं। यहाँ के जमींदार बहुत धर्मात्मा हैं, उन्होंने कुछ सामान्य ‹कर› पर यह भूमि दी है, इसी से अब हमारी जीविका है। ....

इतना कहते-कहते स्त्री का गला अभिमान से भर आया और कुछ कह न सकी।

स्त्री की कथा को सुनकर मोहनलाल को बड़ा दुःख हुआ। रात विशेष बीत चुकी थी, अत: रात्रि-यापन करके, प्रभात में मलिन तथा पश्चिमगामी चन्द्र का अनुसरण करके, बताये हुए पथ से वह चले गये।

पर उनके मुख पर विषाद तथा लज्जा ने अधिकार कर लिया था। कारण यह था कि स्त्री की जमींदारी हरण करने वाले, तथा उसके प्राणप्रिय पति से उसे विच्छेद कराकर इस भाँति दुःख देने वाले कुंदनलाल मोहनलाल के ही पिता थे।

रसिया बालम

१

संसार को शान्तिमय करने के लिए रजनी देवी ने अभी अपना अधिकार पूर्णत: नहीं प्राप्त किया है। अंशुमाली अभी अपने आधे बिम्ब को प्रतीची में दिखा रहे हैं। केवल एक मनुष्य अर्बुद-गिरि-सुदृढ़ दुर्ग के नीचे एक झरने के तट पर बैठा हुआ उस अर्ध-स्वर्ण पिंड की ओर देखता है और कभी-कभी दुर्ग के ऊपर राजमहल की खिड़की की ओर भी देख लेता है, फिर कुछ गुनगुनाने लगता है।

घण्टों उसे वैसे ही बैठे बीत गये। कोई कार्य नहीं, केवल उसे उस खिड़की की ओर देखना। अकस्मात् एक उजाले की प्रभा उस नीची पहाड़ी भूमि पर पड़ी और साथ ही किसी वस्तु का शब्द भी हुआ, परन्तु उस युवक का ध्यान उस ओर नहीं था। वह तो केवल उस खिड़की में के उस सुन्दर मुख की ओर देखने की आशा से उसी ओर देखता रहा, जिसने केवल एक बार उसे झलक दिखाकर मन्त्रमुग्ध कर दिया था।

इधर उस कागज में लिपटी हुई वस्तु को एक अपरिचित व्यक्ति, जो छिपा खड़ा था, उठाकर चलता हुआ। धीरे-धीरे रजनी की गम्भीरता उस शैल-प्रदेश में और भी गम्भीर हो गयी और झाड़ियों की ओट में तो अन्धकार मूर्तिमान हो बैठा हुआ ज्ञात होता था, परन्तु उस युवक को इसकी कुछ भी चिन्ता नहीं। जब तक उस खिड़की में प्रकाश था, तब तक वह उसी ओर निर्निमेष देख रहा था, और कभी-कभी अस्फुट स्वर से वही गुन-गुनाहट उसके मुख से वनस्पतियों को सुनाई पड़ती थी।

जब वह प्रकाश बिल्कुल न रहा, तब वह युवक उठा और समीप के झरने के तट से होते हुए उसी अन्धकार में विलीन हो गया।

२

दिवाकर की पहली किरण ने जब चमेली की कलियों को चटकाया, तब उन डालियों को उतना नहीं ज्ञात हुआ, जितना कि एक युवक के शरीर-स्पर्श से उन्हें हिलना पड़ा, जो कि काँटे और झाड़ियों का कुछ भी ध्यान न करके सीधा अपने मार्ग का अनुसरण कर रहा है। वह युवक फिर उसी खिड़की के सामने पहुँचा और जाकर अपने पूर्व-परिचित शिलाखंड पर बैठ गया, और पुन: वही क्रिया आरम्भ हुई। धीरे-धीरे एक सैनिक पुरुष ने आकर उस युवक के कंधे पर अपना हाथ रक्खा।

युवक चौंक उठा और क्रोधित होकर बोला-तुम कौन हो?

आगन्तुक हँस पड़ा और बोला-यही तो मेरा भी प्रश्न है कि तुम कौन हो? और क्यों इस अन्त:पुर की खिड़की के सामने बैठे हो? और तुम्हारा क्या अभिप्राय है?

युवक-मैं यहाँ घूमता हूँ, और यही मेरा मकान है। मैं जो यहाँ बैठा हूँ, मित्र! वह बात यह है कि मेरा एक मित्र इसी प्रकोष्ठ में रहता है; मैं कभी-कभी उसका दर्शन पा जाता हूँ, और अपने चित्त को प्रसन्न करता हूँ।

सैनिक-पर मित्र! तुम नहीं जानते कि यह राजकीय अन्त:पुर है। तुम्हें ऐसे देखकर तुम्हारी क्या

दशा हो सकती है? और महाराजा तुम्हें क्या समझेंगे?

युवक-जो कुछ हो; मेरा कुछ असत् अभिप्राय नहीं है, मैं तो केवल सुन्दर रूप का दर्शन ही निरन्तर चाहता हूँ, और यदि महाराज भी पूछें तो यही कहूँगा।

सैनिक-तुम जिसे देखते हो, वह स्वयं राजकुमारी है, और तुम्हें कभी नहीं चाहती। अतएव तुम्हारा यह प्रयास व्यर्थ है।

युवक-क्या वह राजकुमारी है? तो चिन्ता क्या! मुझे तो केवल देखना है, मैं बैठे-बैठे देखा करूँगा। पर तुम्हें यह कैसे मालूम कि वह मुझे नहीं चाहती?

सैनिक-प्रमाण चाहते हो तो (एक पत्र देकर) यह देखो।

युवक उसे लेकर पढ़ता है। उसमें लिखा था।

"युवक!

तुम क्यों अपना समय व्यर्थ व्यतीत करते हो? मैं तुमसे कदापि नहीं मिल सकती। क्यों महीनों से यहाँ बैठे-बैठे अपना शरीर नष्ट कर रहे हो, मुझे तुम्हारी अवस्था देखकर दया आती है। अत: तुमको सचेत करती हूँ, फिर कभी यहाँ मत बैठना।

वही-
जिसे तुम देखा करते हो!"

३

युवक कुछ देर के लिए स्तम्भित हो गया। सैनिक सामने खड़ा था। अकस्मात् युवक उठकर खड़ा हो गया और सैनिक का हाथ पकड़कर बोला-मित्र! तुम हमारा कुछ उपकार कर सकते हो? यदि करो, तो कुछ विशेष परिश्रम न होगा।

सैनिक-कहो, क्या है? यदि हो सकेगा, तो अवश्य करूँगा।

तत्काल उस युवक ने अपनी उँगली एक पत्थर से कुचल दी, और अपने फटे वस्त्र में से एक टुकड़ा फाड़कर तिनका लेकर उसी रक्त से टुकड़े पर कुछ लिखा, और उस सैनिक के हाथ में देकर कहा-यदि हम न रहें, तो इसको उस निष्ठुर के हाथ में दे देना। बस, और कुछ नहीं।

इतना कहकर युवक ने पहाड़ी पर से कूदना चाहा; पर सैनिक ने उसे पकड़ लिया, और कहा-रसिया! ठहरो! -

युवक अवाक् हो गया; क्योंकि अब पाँच प्रहरी सैनिक के सामने सिर झुकाये खड़े थे, और पूर्व सैनिक स्वयं अर्बुदगिरि के महाराज थे।

महाराज आगे हुए और सैनिकों के बीच में रसिया। सब सिंहद्वार की ओर चले। किले के भीतर पहुँचकर रसिया को साथ में लिये हुए महाराज एक प्रकोष्ठ में पहुँचे। महाराज ने प्रहरी को आज्ञा दी कि महारानी और राजकुमारी को बुला लावे। वह प्रणाम कर चला गया।

महाराज-क्यों बलवंत सिंह! तुमने अपनी यह क्या दशा बना रक्खी है?

रसिया-(चौंककर) महाराज को मेरा नाम कैसे ज्ञात हुआ?

महाराज-बलवंत! मैं बचपन से तुम्हें जानता हूँ और तुम्हारे पूर्व पुरुषों को भी जानता हूँ।

रसिया चुप हो गया। इतने में महारानी भी राजकुमारी को साथ लिये हुए आ गयीं।

महारानी ने प्रणाम कर पूछा-क्या आज्ञा है?

महाराज-बैठो, कुछ विशेष बात है। सुनो, और ध्यान से उसका उत्तर दो। यह युवक जो तुम्हारे सामने बैठा है, एक उत्तम क्षत्रिय कुल का है, और मैं इसे जानता हूँ। यह हमारी राजकुमारी के प्रणय का भिखारी है। मेरी इच्छा है कि इससे उसका ब्याह हो जाय।

राजकुमारी, जिसने कि आते ही युवक को देख लिया था और जो संकुचित होकर इस समय महारानी के पीछे खड़ी थी, यह सुनकर और भी संकुचित हुई। पर महारानी का मुख क्रोध से लाल हो गया। वह कड़े स्वर में बोलीं-क्या आपको खोजते-खोजते मेरी कुसुम-कुमारी कन्या के लिये यही वर मिला है? वाह! अच्छा जोड़ मिलाया। कंगाल और उसके लिए निधि; बंदर और उसके गले में हार; भला यह भी कहीं सम्भव है? आप शीघ्र अपने भ्रान्तिरोग की औषधि कर डालिये। यह भी कैसा परिहास है! (कन्या से) चलो बेटी, यहाँ से चलो।

महाराज-नहीं, ठहरो और सुनो। यह स्थिर हो चुका है कि राजकुमारी का ब्याह बलवंत से होगा, तुम इसे परिहास मत जानो।

अब जो महारानी ने महाराज के मुख की ओर देखा, तो वह दृढ़प्रतिज्ञ दिखाई पड़े। निदान विचलित होकर महारानी ने कहा-अच्छा, मैं भी प्रस्तुत हो जाऊँगी पर इस शर्त पर कि जब यह पुरुष अपने बाहुबल से उस झरने के समीप से नीचे तक एक पहाड़ी रास्ता काटकर बना ले; उसके लिए समय अभी से केवल प्रात:काल तक का देती हूँ-जब तक कि कुक्कुट का स्वर न सुनाई पड़े। तब अवश्य मैं भी राजकुमारी का ब्याह इसी से कर दूँगी।

महाराज ने युवक की ओर देखा, जो निस्तब्ध बैठा हुआ सुन रहा था। वह उसी क्षण उठा और बोला-मैं प्रस्तुत हूँ, पर कुछ औजार और मसाले के लिए थोड़े विष की आवश्यकता है।

उसकी आज्ञानुसार सब वस्तुएँ उसे मिल गयीं, और वह शीघ्रता से उसी झरने के तट की ओर दौड़ा, और एक विशाल शिलाखंड पर जाकर बैठ गया, और उसे तोड़ने का उद्योग करने लगा; क्योंकि इसी के नीचे एक गुप्त पहाड़ी पथ था।

४

निशा का अन्धकार कानन-प्रदेश में अपना पूरा अधिकार जमाये हुए है। प्राय: आधी रात बीत चुकी है। पर केवल उन अग्नि-स्फुलिंगों से कभी-कभी थोड़ा-सा जुगनू का-सा प्रकाश हो जाता है, जो कि रसिया के शस्त्र-प्रहार से पत्थर में से निकल पड़ते हैं। दनादन् चोट चली जा रही है-विराम नहीं है क्षण भर भी-न तो उस शैल को और न उस शस्त्र को। अलौकिक शक्ति से वह युवक अविराम चोट लगाये ही जा रहा है। एक क्षण के लिये भी इधर-उधर नहीं देखता। देखता है, तो केवल अपना हाथ और पत्थर; उंगली एक तो पहले ही कुचली जा चुकी थी, दूसरे अविराम परिश्रम! इससे रक्त बहने लगा था। पर विश्राम कहाँ? उस वज्रसार शैल पर वज्र के समान कर से वह युवक चोट लगाये ही जाता है। केवल परिश्रम ही नहीं, युवक सफल भी हो रहा है। उसकी एक-एक चोट में दस-दस सेर के ढोके कट-कटकर पहाड़ पर से लुढ़कते हैं, जो सोये हुए जंगली पशुओं को घबड़ा देते हैं। यह क्या है? केवल उसकी तन्मयता-केवल प्रेम ही उस पाषाण को भी तोड़े डालता है।

फिर वही दनादन्-बराबर लगातार परिश्रम, विराम नहीं है! इधर उस खिड़की में से आलोक भी निकल रहा है और कभी-कभी एक मुखड़ा उस खिड़की से झाँककर देख रहा है। पर युवक को कुछ ध्यान नहीं, वह अपना कार्य करता जा रहा है।

अभी रात्रि के जाने के लिए पहर-भर है। शीतल वायु उस कानन को शीतल कर रही है। अकस्मात् 'तरुण-कुक्कुट-कण्ठनाद' सुनाई पड़ा, फिर कुछ नहीं। वह कानन एकाएक शून्य हो गया। न तो वह शब्द ही है और न तो पत्थरों से अग्नि-स्फुलिंग निकलते हैं।

अकस्मात् उस खिड़की में से एक सुन्दर मुख निकला। उसने आलोक डालकर देखा कि रसिया

एक पात्र हाथ में लिये है और कुछ कह रहा है। इसके उपरान्त वह उस पात्र को पी गया और थोड़ी देर में वह उसी शिलाखंड पर गिर पड़ा। यह देख उस मुख से भी एक हल्का चीत्कार निकल गया। खिड़की बंद हो गयी। फिर केवल अन्धकार रह गया।

५

प्रभात का मलय-मारुत उस अर्बुद-गिरि के कानन में वैसी क्रीड़ा नहीं कर रहा है, जैसी पहले करता था। दिवाकर की किरण भी कुछ प्रभात के मिस से मन्द और मलिन हो रही है। एक शव के समीप एक पुरुष खड़ा है, और उसकी आँखों से अश्रुधारा बह रही है, और वह कह रहा है-बलवंत! ऐसी शीघ्रता क्या थी, जो तुमने ऐसा किया? यह अर्बुद-गिरि का प्रदेश तो कुछ समय में यह वृद्ध तुम्हीं को देता, और तुम उसमें चाहे जिस स्थान पर अच्छे पर्यंक पर सोते। फिर, ऐसे क्यों पड़े हो? वत्स! यह तो केवल तुम्हारी परीक्षा[1] थी, यह तुमने क्या किया?

इतने में एक सुन्दरी विमुक्त-कुन्तला-जो कि स्वयं राजकुमारी थी-दौड़ी हुई आयी और उस शव को देखकर ठिठक गयी, नतजानु होकर उस पुरुष का, जो कि महाराज थे और जिसे इस समय तक राजकुमारी पहचान न सकी थी-चरण धरकर बोली-महात्मन् ! क्या व्यक्ति ने, जो यहाँ पड़ा है, मुझे कुछ देने के लिए आपको दिया है? या कुछ कहा है?

महाराज ने चुपचाप अपने वस्त्र में से एक वस्त्र का टुकड़ा निकालकर दे दिया। उस पर लाल अक्षरों में कुछ लिखा था। उस सुन्दरी ने उसे देखा और देखकर कहा-कृपया आप ही पढ़ दीजिये।

महाराज ने उसे पढ़ा। उसमें लिखा था-”मैं नहीं जानता था कि तुम इतनी निठुर हो। अस्तु; अब मैं यहीं रहूँगा; पर याद रखना; मैं तुमसे अवश्य मिलूँगा, क्योंकि मैं तुम्हें नित्य देखना चाहता हूँ, और ऐसे स्थान में देखूँगा, जहाँ कभी पलक गिरती ही नहीं।

तुम्हारा दर्शनाभिलाषी-
रसिया”

इसी समय महाराज को सुन्दरी पहचान गयी, और फिर चरण धरकर बोली-पिताजी, क्षमा करना। और, शीघ्रतापूर्वक रसिया के कर-स्थित पात्र को लेकर अवशेष पी गयी और गिर पड़ी। केवल उसके मुख से इतना निकला-'पिताजी, क्षमा करना।' महाराज देख रहे थे!

---

[1]　वास्तव में वह शब्द कुक्कुट का नहीं बल्कि छद्म-वेशिनी महारानी का था, जो कि बलवंत सिंह ऐसे दीन व्यक्ति से अपनी कुसुम-कुमारी के पाणिग्रहण की अभिलाषा नहीं रखती थी। किन्तु महाराज इससे अनभिज्ञ थे।

शरणागत

१

प्रभात-कालीन सूर्य की किरणें अभी पूर्व के आकाश में नहीं दिखाई पड़ती हैं। ताराओं का क्षीण प्रकाश अभी अम्बर में विद्यमान है। यमुना के तट पर दो-तीन रमणियाँ खड़ी हैं, और दो-यमुना की उन्हीं क्षीण लहरियों में, जो कि चन्द्र के प्रकाश से रंजित हो रही हैं-स्नान कर रही हैं। अकस्मात् पवन बड़े वेग से चलने लगा। इसी समय एक सुन्दरी, जो कि बहुत ही सुकुमारी थी, उन्हीं तरंगों से निमग्न हो गयी। दूसरी, जो कि घबड़ाकर निकलना चाहती थी, किसी काठ का सहारा पाकर तट की ओर खड़ी हुई अपनी सखियों में जा मिली। पर वहाँ सुकुमारी नहीं थी। सब रोती हुई यमुना के तट पर घूमकर उसे खोजने लगीं।

अन्धकार हट गया। अब सूर्य भी दिखाई देने लगे। कुछ ही देर में उन्हें, घबड़ाई हुई स्त्रियों को आश्वासन देती हुई, एक छोटी-सी नाव दिखाई दी। उन सखियों ने देखा कि वह सुकुमारी उसी नाव पर एक अंग्रेज और एक लेडी के साथ बैठी हुई है।

तट पर आने पर मालूम हुआ कि सिपाही-विद्रोह की गड़बड़ से भागे हुए एक सम्भ्रान्त योरोपियन-दम्पति उस नौका के आरोही हैं। उन्होंने सुकुमारी को डूबते हुए बचाया है और इसे पहुँचाने के लिये वे लोग यहाँ तक आये हैं।

सुकुमारी को देखते ही सब सखियों ने दौड़कर उसे घेर लिया और उससे लिपट-लिपटकर रोने लगीं। अंग्रेज और लेडी दोनों ने जाना चाहा, पर वे स्त्रियाँ कब मानने वाली थीं? लेडी साहिबा को रुकना पड़ा। थोड़ी देर में यह खबर फैल जाने से उस गाँव के जमींदार ठाकुर किशोर सिंह भी उस स्थान पर आ गये। अब, उनके अनुरोध करने से, विल्फर्ड और एलिस को उनका आतिथ्य स्वीकार करने के लिये विवश होना पड़ा क्योंकि सुकुमारी, किशोर सिंह की ही स्त्री थी, जिसे उन लोगों ने बचाया था।

२

चन्दनपुर के जमींदार के घर में, जो यमुना-तट पर बना हुआ है, पाईबाग के भीतर, एक रविश में चार कुर्सियाँ पड़ी हैं। एक पर किशोर सिंह और दो कुर्सियों पर विल्फर्ड और एलिस बैठे हैं, तथा चौथी कुर्सी के सहारे सुकुमारी खड़ी है। किशोर सिंह मुस्करा रहे हैं, और एलिस आश्चर्य की दृष्टि से सुकुमारी को देख रही है।

विल्फर्ड उदास हैं और सुकुमारी मुख नीचा किये हुए है। सुकुमारी ने कनखियों से किशोर सिंह की ओर देखकर सिर झुका लिया।

एलिस-(किशोर सिंह से) बाबू साहब, आप इन्हें बैठने की इजाजत दें।

किशोर सिंह-मैं क्या मना करता हूँ?

एलिस-(सुकुमारी को देखकर) फिर वह क्यों नहीं बैठतीं?

किशोर सिंह-आप कहिये, शायद बैठ जायँ।

विल्फर्ड-हाँ, आप क्यों खड़ी हैं?

बेचारी सुकुमारी लज्जा से गड़ी जाती थी।

एलिस-(सुकुमारी की ओर देखकर) अगर आप न बैठेंगी, तो मुझे बहुत रंज होगा।

किशोर सिंह-यों न बैठेंगी, हाथ पकड़कर बिठाइये।

एलिस सचमुच उठी, पर सुकुमारी एक बार किशोर सिंह की ओर वक्र दृष्टि से देखकर हँसती हुई पास की बारहदरी में भागकर चली गयी, किन्तु एलिस ने पीछा न छोड़ा। वह भी वहाँ पहुँची, और उसे पकड़ा। सुकुमारी एलिस को देख गिड़-गिड़ाकर बोली-क्षमा कीजिये, हम लोग पति के सामने कुर्सी पर नहीं बैठतीं, और न कुर्सी पर बैठने का अभ्यास ही है।

एलिस चुपचाप खड़ी रह गयी, यह सोचने लगी कि-क्या सचमुच पति के सामने कुर्सी पर न बैठना चाहिये। फिर उसने सोचा-यह बेचारी जानती ही नहीं कि कुर्सी पर बैठने में क्या सुख है?

३

चन्दनपुर के जमींदार के यहाँ आश्रय लिये हुए योरोपियन-दम्पति सब प्रकार सुख से रहने पर भी सिपाहियों का अत्याचार सुनकर शंकित रहते थे। दयालु किशोर सिंह यद्यपि उन्हें बहुत आश्वासन देते, तो भी कोमल प्रकृति की सुन्दरी एलिस सदा भयभीत रहती थी।

दोनों दम्पति कमरे में बैठे हुए यमुना का सुन्दर जल-प्रवाह देख रहे हैं। विचित्रता यह है कि 'सिगार' न मिल सकने के कारण विल्फर्ड साहब सटक के सड़ाके लगा रहे हैं। अभ्यास न होने के कारण सटक से उन्हें बड़ी अड़चन पड़ती थी, तिस पर सिपाहियों के अत्याचार का ध्यान उन्हें और भी उद्विग्न किये हुए था; क्योंकि एलिस का भय से पीला मुख उनसे देखा न जाता था।

इतने में बाहर कोलाहल सुनाई पड़ा। एलिस के मुख से 'ओ माई गाड' (Oh My God !) निकल पड़ा और भय से वह मूर्च्छित हो गयी। विल्फर्ड और किशोर सिंह ने एलिस को पलंग पर लिटाया, और आप 'बाहर क्या है' सो देखने के लिये चले।

विल्फर्ड ने अपनी राइफल हाथ में ली और साथ में जान चाहा, पर किशोर सिंह ने उन्हें समझाकर बैठाला और आप खूँटी पर लटकती तलवार लेकर बाहर निकल गये।

किशोर सिंह बाहर आ गये, देखा तो पाँच कोस पर जो उनका सुन्दरपुर ग्राम है, उसे सिपाहियों ने लूट लिया और प्रजा दुखी होकर अपने जमींदार से अपनी दुःख-गाथा सुनाने आयी है। किशोर सिंह ने सबको आश्वासन दिया, और उनके खाने-पीने का प्रबन्ध करने के लिए कर्मचारियों को आज्ञा देकर आप विल्फर्ड और एलिस को देखने के लिये भीतर चले आये।

किशोर सिंह स्वाभाविक दयालु थे और उनकी प्रजा उन्हें पिता के समान मानती थी, और उनका उस प्रान्त में भी बड़ा सम्मान था। वह बहुत बड़े इलाकेदार होने के कारण छोटे-से राजा समझे जाते थे। उनका प्रेम सब पर बराबर था। किन्तु विल्फर्ड और सरला एलिस को भी वह बहुत चाहने लगे, क्योंकि प्रियतमा सुकुमारी की उन लोगों ने प्राण-रक्षा की थी।

४

किशोर सिंह भीतर आये। एलिस को देखकर कहा-डरने की कोई बात नहीं है। यह मेरी प्रजा थी, समीप के सुन्दरपुर गाँव में सब रहते हैं। उन्हें सिपाहियों ने लूट लिया है। उनका बंदोबस्त कर दिया गया है। अब उन्हें कोई तकलीफ नहीं।

एलिस ने लम्बी साँस लेकर आँख खोल दी, और कहा-क्या वे सब गये?

सुकुमारी-घबराओ मत, हम लोगों के रहते तुम्हारा कोई अनिष्ट नहीं हो सकता।

विल्फर्ड-क्या सिपाही रियासतों को लूट रहे हैं?

किशोर सिंह-हाँ, पर अब कोई डर नहीं है, वे लूटते हुए इधर से निकल गये।

विल्फर्ड-अब हमको कुछ डर नहीं है।

किशोर सिंह-आपने क्या सोचा?

विल्फर्ड-अब ये सब अपने भाइयों को लूटते हैं, तो शीघ्र ही अपने अत्याचार का फल पावेंगे और इनका किया कुछ न होगा।

किशोर सिंह ने गम्भीर होकर कहा-ठीक है।

एलिस ने कहा-मैं आज आप लोगों के संग भोजन करूँगी।

किशोर सिंह और सुकुमारी एक दूसरे का मुख देखने लगे। फिर किशोर सिंह ने कहा-बहुत अच्छा।

५

साफ दालान में दो कम्बल अलग-अलग दूरी पर बिछा दिये गये हैं। एक पर किशोर सिंह बैठे थे और दूसरे पर विल्फर्ड और एलिस; पर एलिस की दृष्टि बार-बार सुकुमारी को खोज रही थी और वह बार-बार यही सोच रही थी कि किशोर सिंह के साथ सुकुमारी अभी नहीं बैठी।

थोड़ी देर में भोजन आया, पर खानसामा नहीं। स्वयं सुकुमारी एक थाल लिये हैं और तीन-चार औरतों के हाथ में भी खाद्य और पेय वस्तुएँ हैं। किशोर सिंह के इशारा करने पर सुकुमारी ने वह थाल एलिस के सामने रखा, और इसी तरह विल्फर्ड और किशोर सिंह को परस दिया गया। पर किसी ने भोजन करना नहीं आरम्भ किया।

एलिस ने सुकुमारी से कहा-आप क्या यहाँ भी न बैठेंगी? क्या यहाँ भी कुर्सी है?

सुकुमारी-परसेगा कौन?

एलिस-खानसामा।

सुकुमारी-क्यों, क्या मैं नहीं हूँ?

किशोर सिंह-जिद न कीजिये, यह हमारे भोजन कर लेने पर भोजन करती हैं।

एलिस ने आश्चर्य और उदासी-भरी एक दृष्टि सुकुमारी पर डाली। एलिस को भोजन कैसा लगा, सो नहीं कहा जा सकता।

६

भारत में शान्ति स्थापित हो गयी है। अब विल्फर्ड और एलिस अपनी नील की कोठी पर वापस जाने वाले हैं। चन्दनपुर में उन्हें बहुत दिन रहना पड़ा। नील-कोठी वहाँ से दूर है।

दो घोड़े सजे-सजाये खड़े हैं और किशोर सिंह के आठ सशस्त्र सिपाही उनको पहुँचाने के लिए उपस्थित हैं। विल्फर्ड साहब किशोर सिंह से बात-चीत करके छुट्टी पा चुके हैं। केवल एलिस अभी तक भीतर से नहीं आयी। उन्हीं के आने की देर है।

विल्फर्ड और किशोर सिंह पाईं-बाग में टहल रहे थे। इतने में सात-आठ स्त्रियों का झुंड मकान

से बाहर निकला। हैं! यह क्या? एलिस ने अपना गाउन नहीं पहना, उसके बदले फिरोजी रंग के रेशमी कपड़े का कामदानी लहँगा और मखमल की कंचुकी, जिसके सितारे रेशमी ओढ़नी के ऊपर से चमक रहे हैं। हैं! यह क्या? स्वाभाविक अरुण अधरों में पान की लाली भी है, आँखों में काजल की रेखा भी है, चोटी भी फूलों से गूँथी जा चुकी है, और मस्तक में सुन्दर सा बाल-अरुण का बिन्द भी तो है!

देखते ही किशोर सिंह खिलखिलाकर हँस पड़े, और विल्फर्ड तो भौंचक्के-से रह गये।

किशोर सिंह ने एलिस से कहा-आपके लिये भी घोड़ा तैयार है-पर सुकुमारी ने कहा-नहीं, इनके लिये पालकी मँगा दो।

सिकंदर की शपथ

१

सूर्य की चमकीली किरणों के साथ, यूनानियों के बरछे की चमक से 'मिंगलौर'-दुर्ग घिरा हुआ है। यूनानियों के दुर्ग तोड़नेवाले यन्त्र दुर्ग की दीवालों से लगा दिये गये हैं, और वे अपना कार्य बड़ी शीघ्रता के साथ कर रहे हैं। दुर्ग की दीवाल का एक हिस्सा टूटा और यूनानियों की सेना उसी भग्न मार्ग से जयनाद करती हुई घुसने लगी। पर वह उसी समय पहाड़ से टकराये हुए समुद्र की तरह फिरा दी गयी, और भारतीय युवक वीरों की सेना उनका पीछा करती हुई दिखाई पड़ने लगी। सिकंदर उनके प्रचण्ड अस्त्राघात को रोकता पीछे हटने लगा।

अफगानिस्तान में 'अश्वक' वीरों के साथ भारतीय वीर कहाँ से आ गये? यह शंका हो सकती है, किन्तु पाठकगण! वे निमन्त्रित होकर उनकी रक्षा के लिये सुदूर से आये हैं, जो कि संख्या में केवल सात हजार होने पर भी ग्रीकों की असंख्य सेना को बराबर पराजित कर रहे हैं।

सिकंदर को उस सामान्य दुर्ग के अवरोध में तीन दिन व्यतीत हो गये। विजय की सम्भावना नहीं है, सिकंदर उदास होकर कैम्प में लौट गया, और सोचने लगा। सोचने की बात ही है। ग़ाजा और परसिपोलिस आदि के विजेता को अफगानिस्तान के एक छोटे-से दुर्ग के जीतने में इतना परिश्रम उठाकर भी सफलता मिलती नहीं दिखाई देती, उलटे कई बार उसे अपमानित होना पड़ा।

बैठे-बैठे सिकंदर को बहुत देर हो गयी। अन्धकार फैलकर संसार को छिपाने लगा, जैसे कोई कपटाचारी अपनी मन्त्रणा को छिपाता हो। केवल कभी-कभी दो-एक उल्लू उस भीषण रणभूमि में अपने भयावह शब्द को सुना देते हैं। सिकंदर ने सीटी देकर कुछ इंगित किया, एक वीर पुरुष सामने दिखाई पड़ा। सिकंदर ने उससे कुछ गुप्त बातें कीं, और वह चला गया। अन्धकार घनीभूत हो जाने पर सिकंदर भी उसी ओर उठकर चला, जिधर वह पहला सैनिक जा चुका था।

२

दुर्ग के उस भाग में, जो टूट चुका था, बहुत शीघ्रता से काम लगा हुआ था, जो बहुत शीघ्र कल की लड़ाई के लिये प्रस्तुत कर दिया गया और सब लोग विश्राम करने के लिये चले गये। केवल एक मनुष्य उसी स्थान पर प्रकाश डालकर कुछ देख रहा है। वह मनुष्य कभी तो खड़ा रहता है और कभी अपनी प्रकाश फैलानेवाली मशाल को लिये हुए दूसरी ओर चला जाता है। उस समय उस घोर अन्धकार में उस भयावह दुर्ग की प्रकाण्ड छाया और भी स्पष्ट हो जाती है। उसी छाया में छिपा हुआ सिकंदर खड़ा है। उसके हाथ में धनुष और बाण है, उसके सब अस्त्र उसके पास हैं। उसका मुख यदि कोई इस समय प्रकाश में देखता, तो अवश्य कहता कि यह कोई बड़ी भयानक बात सोच रहा है, क्योंकि उसका सुन्दर मुखमण्डल इस समय विचित्र भावों से भरा है। अकस्मात् उसके मुख से एक प्रसन्नता का चीत्कार निकल पड़ा, जिसे उसने बहुत व्यग्र होकर छिपाया।

समीप की झाड़ी से एक दूसरा मनुष्य निकल पड़ा, जिसने आकर सिकंदर से कहा-देर न कीजिये, क्योंकि यह वही है।

सिकंदर ने धनुष को ठीक करके एक विषमय बाण उस पर छोड़ा और उसे उसी दुर्ग पर टहलते हुए मनुष्य की ओर लक्ष्य करके छोड़ा। लक्ष्य ठीक था, वह मनुष्य लुढ़क्कर नीचे आ रहा। सिकंदर और उसके साथी ने झट जाकर उसे उठा लिया, किन्तु उसके चीत्कार से दुर्ग पर का एक प्रहरी झुककर देखने लगा। उसने प्रकाश डालकर पूछा-कौन है?

उत्तर मिला-मैं दुर्ग से नीचे गिर पड़ा हूँ।

प्रहरी ने कहा-घबड़ाइये मत, मैं डोरी लटकाता हूँ।

डोरी बहुत जल्द लटका दी गयी, अफगान वेशधारी सिकंदर उसके सहारे ऊपर चढ़ गया। ऊपर जाकर सिकंदर ने उस प्रहरी को भी नीचे गिरा दिया, जिसे उसके साथी ने मार डाला और उसका वेश आप लेकर उस सीढ़ी से ऊपर चढ़ गया। जाने के पहले उसने अपनी छोटी-सी सेना को भी उसी जगह बुला लिया और धीरे-धीरे उसी रस्सी की सीढ़ी से वे सब ऊपर पहुँचा दिये गये।

३

दुर्ग के प्रकोष्ठ में सरदार की सुन्दर पत्नी बैठी हुई है। मदिरा-विलोल दृष्टि से कभी दर्पण में अपना सुन्दर मुख और कभी अपने नवीन नील वसन को देख रही है। उसका मुख लालसा की मदिरा से चमक-चमक कर उसकी ही आँखों में चकाचौंध पैदा कर रहा है। अकस्मात् 'प्यारे सरदार', कहकर वह चौंक पड़ी, पर उसकी प्रसन्नता उसी क्षण बदल गयी, जब उसने सरदार के वेश में दूसरे को देखा। सिकंदर का मानुषिक सौन्दर्य कुछ कम नहीं था, अबला-हृदय को और भी दुर्बल बना देने के लिये वह पर्याप्त था। वे एक-दूसरे को निर्निमेष दृष्टि से देखने लगे। पर अफगान-रमणी की शिथिलता देर तक न रही, उसने हृदय के सारे बल को एकत्र करके पूछा-तुम कौन हो?

उत्तर मिला-शाहंशाह सिकंदर।

रमणी ने पूछा-यह वस्त्र किस तरह मिला?

सिकंदर ने कहा-सरदार को मार डालने से।

रमणी के मुख से चीत्कार के साथ ही निकल पड़ा-क्या सरदार मारा गया?

सिकंदर-हाँ, अब वह इस लोक में नहीं है।

रमणी ने अपना मुख दोनों हाथों से ढक लिया, पर उसी क्षण उसके हाथ में एक चमकता हुआ छुरा दिखाई देने लगा।

सिकंदर घुटने के बल बैठ गया और बोला-सुन्दरी! एक जीव के लिये तुम्हारी दो तलवारें बहुत थीं, फिर तीसरी की क्या आवश्यकता है?

रमणी की दृढ़ता हट गयी, और न जाने क्यों उसके हाथ का छुरा छटककर गिर पड़ा, वह भी घुटनों के बल बैठ गयी।

सिकंदर ने उसका हाथ पकड़कर उठाया। अब उसने देखा कि सिकंदर अकेला नहीं है, उसके बहुत से सैनिक दुर्ग पर दिखाई दे रहे हैं। रमणी ने अपना हृदय दृढ़ किया और संदूक खोलकर एक जवाहिरात का डिब्बा ले आकर सिकंदर के आगे रखा। सिकंदर ने उसे देखकर कहा-मुझे इसकी आवश्यकता नहीं है, दुर्ग पर मेरा अधिकार हो गया, इतना ही बहुत है।

दुर्ग के सिपाही यह देखकर कि शत्रु भीतर आ गया है, अस्त्र लेकर मारपीट करने पर तैयार हो गये। पर सरदार-पत्नी ने उन्हें मना किया, क्योंकि उसे बतला दिया गया था कि सिकंदर की विजयवाहिनी दुर्ग के द्वार पर खड़ी है।

सिकंदर ने कहा-तुम घबड़ाओ मत, जिस तरह से तुम्हारी इच्छा होगी, उसी प्रकार सन्धि के

नियम बनाये जायेँगे। अच्छा, मैं जाता हूँ।

अब सिकंदर को थोड़ी दूर तक सरदार-पत्नी पहुँचा गयी। सिकंदर थोड़ी सेना छोड़कर आप अपने शिविर में चला गया।

४

सन्धि हो गयी। सरदार-पत्नी ने स्वीकार कर लिया कि दुर्ग सिकंदर के अधीन होगा। सिकंदर ने भी उसी को यहाँ की रानी बनाया और कहा-भारतीय योद्धा जो तुम्हारे यहाँ आये हैं, वे अपने देश को लौटकर चले जायँ। मैं उनके जाने में किसी प्रकार की बाधा न डालूँगा। सब बातें शपथपूर्वक स्वीकार कर ली गयीं।

राजपूत वीर अपने परिवार के साथ उस दुर्ग से निकल पड़े, स्वदेश की ओर चलने के लिए तैयार हुए। दुर्ग के समीप ही एक पहाड़ी पर उन्होंने अपना डेरा जमाया और भोजन करने का प्रबन्ध करने लगे।

भारतीय रमणियाँ जब अपने प्यारे पुत्रों और पतियों के लिये भोजन प्रस्तुत कर रहीं थीं, तो उनमें उस अफगान-रमणी के बारे में बहुत बातें हो रही थीं, और वे सब उसे बड़ी घृणा की दृष्टि से देखने लगीं, क्योंकि उसने एक पति-हत्याकारी को आत्म-समर्पण कर दिया था। भोजन के उपरान्त जब सब सैनिक विराम करने लगे तब युद्ध की बातें कहकर अपने चित्त को प्रसन्न करने लगे। थोड़ी देर नहीं बीती थी कि एक ग्रीक अश्वारोही उनके समीप आता दिखाई पड़ा, जिसे देखकर एक राजपूत युवक उठ खड़ा हुआ और उसकी प्रतीक्षा करने लगा।

ग्रीक सैनिक उसके समीप आकर बोला-शाहंशाह सिकंदर ने तुम लोगों को दया करके अपनी सेना में भरती करने का विचार किया है। आशा है कि इस सम्वाद से तुम लोग बहुत प्रसन्न होगे।

युवक बोल उठा-इस दया के लिये हम लोग कृतज्ञ हैं, पर अपने भाइयों पर अत्याचार करने में ग्रीकों का साथ देने के लिए हम लोग कभी प्रस्तुत नहीं हैं।

ग्रीक-तुम्हें प्रस्तुत होना चाहिये, क्योंकि शाहंशाह सिकंदर की आज्ञा है।

युवक-नहीं महाशय, क्षमा कीजिये। हम लोग आशा करते हैं कि सन्धि के अनुसार हम लोग अपने देश को शान्तिपूर्वक लौट जायेंगे, इसमें बाधा न डाली जायगी।

ग्रीक-क्या तुम लोग इस बात पर दृढ़ हो? एक बार और विचार कर उत्तर दो, क्योंकि उसी उत्तर पर तुम लोगों का जीवन-मरण निर्भर होगा।

इस पर कुछ राजपूतों ने समवेत स्वर से कहा-हाँ-हाँ, हम अपनी बात पर दृढ़ हैं, किन्तु सिकंदर, जिसने देवताओं के नाम से शपथ ली है, अपनी शपथ को न भूलेगा।

ग्रीक-सिकंदर ऐसा मूर्ख नहीं है कि आये हुए शत्रुओं को और दृढ़ होने का अवकाश दे। अस्तु, अब तुम लोग मरने के लिए तैयार हो।

इतना कहकर वह ग्रीक अपने घोड़े को घुमाकर सीटी बजाने लगा, जिसे सुनकर अगणित ग्रीक-सेना उन थोड़े से हिन्दओं पर टूट पड़ी।

इतिहास इस बात का साक्षी है कि उन्होंने प्राण-प्रण से युद्ध किया और जब तक कि उनमें एक भी बचा, बराबर लड़ता गया। क्यों न हो, जब उनकी प्यारी स्त्रियाँ उन्हें अस्त्रहीन देखकर तलवार देती थीं और हँसती हुई अपने प्यारे पतियों की युद्ध क्रिया देखती थीं। रणचण्डियाँ भी अकर्मण्य न रहीं, जीवन देकर अपना धर्म रखा। ग्रीकों की तलवारों ने उनके बच्चों को भी रोने न दिया, क्योंकि पिशाच सैनिकों के हाथ सभी मारे गये।

अज्ञात स्थान में निराश्रय होकर उन सब वीरों ने प्राण दिये। भारतीय लोग उनका नाम भी नहीं जानते!

चित्तौर-उद्धार

१

दीपमालाएँ आपस में कुछ हिल-हिलकर इंगित कर रही हैं, किन्तु मौन हैं। सज्जित मन्दिर में लगे हुए चित्र एकटक एक-दूसरे को देख रहे हैं, शब्द नहीं हैं। शीतल समीर आता है, किन्तु धीरे-से वातायन-पथ के पार हो जाता है, दो सजीव चित्रों को देखकर वह कुछ नहीं कह सकता है। पर्यक पर भाग्यशाली मस्तक उन्नत किये हुए चुपचाप बैठा हुआ युवक, स्वर्ण-पुत्तली की ओर देख रहा है, जो कोने में निर्वात दीपशिखा की तरह प्रकोष्ठ को आलोकित किये हुए है। नीरवता का सुन्दर दृश्य, भाव-विभोर होने का प्रत्यक्ष प्रमाण, स्पष्ट उस गृह में आलोकित हो रहा है।

अकस्मात् गम्भीर कण्ठ से युवक उद्वेग में भर बोल उठा-सुन्दरी! आज से तुम मेरी धर्म-पत्नी हो, फिर मुझसे संकोच क्यों?

युवती कोकिल-स्वर से बोली-महाराजकुमार! यह आपकी दया है, जो दासी को अपनाना चाहते हैं, किन्तु वास्तव में दासी आपके योग्य नहीं है।

युवक-मेरी धर्मपरिणीता वधू मालदेव की कन्या अवश्य मेरे योग्य है। यह चाटूक्ति मुझे पसन्द नहीं। तुम्हारे पिता ने, यद्यपि वह मेरे चिर-शत्रु हैं, तुम्हारे ब्याह के लिए नारियल भेजा, और मैंने राजपूत धर्मानुसार उसे स्वीकार किया, फिर भी तुम्हारी-ऐसी सुन्दरी को पाकर हम प्रवञ्चित नहीं हुए और इसी अवसर पर अपने पूर्व-पुरुषों की जन्मभूमि का भी दर्शन मिला।

'उदारहृदय राजकुमार! मुझे क्षमा कीजिये। देवता से छलना मनुष्य नहीं कर सकता। मैं इस सम्मान के योग्य नहीं कि पर्यक पर बैठूँ, किन्तु चरण-प्रान्त में बैठकर एक बार नारी-जीवन का स्वर्ग भोग कर लेने में आपके-ऐसे देवता बाधा न देंगे।'

इतना कहकर युवती ने पर्यक से लटकते हुए राजकुमार के चरणों को पकड़ लिया।

वीर कुमार हम्मीर अवाक् होकर देखने लगे। फिर उसका हाथ पकड़कर पास में बैठा लिया। राजकुमारी शीघ्रता से उतरकर पलंग के नीचे बैठ गयी।

दाम्पत्य-सुख से अपरिचित कुमार की भँवें कुछ चढ़ गयीं, किन्तु उसी क्षण यौवन के नवीन उल्लास ने उन्हें उतार दिया। हम्मीर ने कहा-फिर क्यों तुम इतना उत्कण्ठित कर रही हो? सुन्दरी! कहो, क्या बात है?

राजकुमारी-मैं विधवा हूँ। सात वर्ष की अवस्था में, सुना है कि मेरा ब्याह हुआ और आठवें वर्ष विधवा हुई। यह भी सुना है कि विधवा का शरीर अपवित्र होता है। तब, जगत्पवित्र शिशौदिया-कुल के कुमार को छूने का कैसे साहस कर सकती हूँ?

हम्मीर-हैं! तुम क्या विधवा हो? फिर तुम्हारा ब्याह पिता ने क्यों किया?

राजकुमारी-केवल देवता को अपमानित करने के लिये।

हम्मीर की तलवार में स्वयं एक झनकार उत्पन्न हुई। फिर भी उन्होंने शान्त होकर कहा-अपमान

इससे नहीं होता, किन्तु परिणीता वधू को छोड़ देने में अवश्य अपमान है।

राजकुमारी-प्रभो! पतिता को लेकर आप क्यों कलंकित होते हैं?

हम्मीर ने मुस्कुराकर कहा-ऐसे निर्दोष और सच्चे रत्न को लेकर कौन कलंकित हो सकता है?

राजकुमारी संकुचित हो गयी। हम्मीर ने हाथ पकड़कर उठाकर पलँग पर बैठाया, और कहा-आओ, तुम्हें मुझसे-समाज, संसार-कोई भी नहीं अलग कर सकता।

राजकुमारी ने वाष्परुद्ध कण्ठ से कहा-इस अनाथिनी को सनाथ करके आपने चिर-ऋणी बनाया, और विह्वल होकर हम्मीर के अंक में सिर रख दिया।

२

कैलवाड़ा-प्रदेश के छोटे-से दुर्ग के एक प्रकोष्ठ में राजकुमार हम्मीर बैठे हुए चिन्ता में निमग्न हैं। सोच रहे थे-जिस दिन मुंज का सिर मैंने काटा, उसी दिन एक भारी बोझ मेरे सिर दिया गया, वह पितृव्य का दिया हुआ महाराणा-वंश का राजतिलक है, उसका पूरा निर्वाह जीवन भर करना कर्तव्य है। चित्तौर का उद्धार करना ही मेरा प्रधान लक्ष्य है। पर देखूँ, ईश्वर कैसे इसे पूरा करता है। इस छोटी-सी सेना से, यथोचित धन का अभाव रहते, वह क्योंकर हो सकता है? रानी मुझे चिन्ताग्रस्त देखकर यही समझती है कि विवाह ही मेरे चिन्तित होने का कारण है। मैं उसकी ओर देखकर मालदेव पर कोई अत्याचार करने पर संकुचित होता हूँ। ईश्वर की कृपा से एक पुत्र भी हुआ, किन्तु मुझे नित्य चिन्तित देखकर रानी पिता के यहाँ चली गयी है। यद्यपि देवता-पूजन करने के लिये ही वहाँ उनका जाना हुआ है, किन्तु मेरी उदासीनता भी कारण है। भगवान एकलिंगेश्वर कैसे इस दु:साध्य कार्य को पूर्ण करते हैं, यह वही जानें।

इसी तरह की अनेक विचार-तरंगें मानस में उठ रही थीं। सन्ध्या की शोभा सामने की गिरि-श्रेणी पर अपनी लीला दिखा रखी है, किन्तु चिन्तित हम्मीर को उसका आनन्द नहीं। देखते-देखते अन्धकार ने गिरिप्रदेश को ढँक लिया। हम्मीर उठे, वैसे ही द्वारपाल ने आकर कहा-महाराज विजयी हों। चित्तौर से एक सैनिक, महारानी का भेजा हुआ, आया है।

थोड़ी ही देर में सैनिक लाया गया और अभिवादन करने के बाद उसने एक पत्र हम्मीर के हाथ में दिया। हम्मीर ने उसे लेकर सैनिक को विदा किया, और पत्र पढ़ने लगे-

प्राणनाथ जीवनसर्वस्व के चरणों में
कोटिश: प्रणाम।

देव! आपकी कृपा ही मेरे लिये कुशल है। मुझे यहाँ आये इतने दिन हुए, किन्तु एक बार भी आपने पूछा नहीं। इतनी उदासीनता क्यों? क्या, साहस में भरकर जो मुझे आपने स्वीकार किया, उसका प्रतिकार कर रहे हैं? देवता! ऐसा न चाहिये। मेरा अपराध ही क्या? मैं आपका चिन्तित मुख नहीं देख सकती, इसीलिए कुछ दिनों के लिए यहाँ चली आयी हूँ, किन्तु बिना उस मुख के देखे भी शान्ति नहीं। अब कहिये, क्या करूँ? देव! जिस भूमि की दर्शनाभिलाषा ने ही आपको मुझसे ब्याह करने के लिये बाध्य किया, उसी भूमि में आने से मेरा हृदय अब कहता है कि आप ब्याह करके नहीं पश्चात्ताप कर रहे हैं, किन्तु आपकी उदासीनता केवल चित्तौर-उद्धार के लिये है। मैं इसमें बाधा-स्वरूप आपको दिखाई पड़ती हूँ। मेरे ही स्नेह से आप पिता के ऊपर चढ़ाई नहीं कर सकते, और पितरों के ऋण से उद्धार नहीं पा रहे हैं। इस जन्म में तो आपसे उद्धार नहीं हो सकती और होने की इच्छा भी नहीं-कभी, किसी भी जन्म में। चित्तौर-अधिष्ठात्री देवी ने मुझे स्वप्न में जो आज्ञा दी है, मैं उसी कार्य के लिये रुकी हूँ। पिता इस समय चित्तौर में नहीं हैं, इससे यह न समझिये कि मैं आपको कायर समझती हूँ, किन्तु इसलिये कि युद्ध में उनके न रहने से उनकी कोई शारीरिक क्षति नहीं होगी। मेरे कारण जिसे आप बचाते हैं, वह बात बच जायेगी। सरदारों से रक्षित चित्तौर-दुर्ग के वीर सैनिकों के

साथ सम्मुख युद्ध में इस समय विजय प्राप्त कर सकते हैं। मुझे निश्चय है, भवानी आपकी रक्षा करेगी। और, मुझे चित्तौर से अपने साथ लिवा न जाकर यहीं सिंहासन पर बैठिये। दासी चरण-सेवा करके कृतार्थ होगी।

३

चित्तौर-दुर्ग के सिंहद्वार पर एक सहस्र राजपूत-सवार और उतने ही भील-धनुर्धर पदातिक उन्मुक्त शस्त्र लिये हुए महाराणा हम्मीर की जय का भीम-नाद कर रहे हैं।

दुर्ग-रक्षक सचेष्ट होकर बुर्जियों पर से अग्नि-वर्षा करा रहा है, किन्तु इन दृढ़ प्रतिज्ञ वीरों को हटाने में असमर्थ है। दुर्गद्वार बंद है। आक्रमणकारियों के पास दुर्गद्वार तोड़ने का कोई साधन नहीं है, तो भी वे अदम्य उत्साह से आक्रमण कर रहे हैं। वीर हम्मीर कतिपय उत्साही वीरों के साथ अग्रसर होकर प्राचीर पर चढ़ने का उद्योग करने लगे, किन्तु व्यर्थ, कोई फल नहीं हुआ। भीलों की बाण-वर्षा से हम्मीर का शत्रुपक्ष निर्बल होता था, पर वे सुरक्षित थे। चारों ओर भीषण हत्याकाण्ड हो रहा है। अकस्मात् दुर्ग का सिंहद्वार सशब्द खुला।

हम्मीर की सेना ने समझा कि शत्रु मैदान में, युद्ध करने के लिये आ गये, बड़े उल्लास से आक्रमण किया गया। किन्तु देखते हैं तो सामने एक सौ क्षत्राणियाँ हाथ में तलवार लिये हुए दुर्ग के भीतर खड़ी हैं! हम्मीर पहले तो संकुचित हुए, फिर जब देखा कि स्वयं राजकुमारी ही उन क्षत्राणियों की नेत्री हैं और उनके हाथ में भी तलवार है, तो वह आगे बढ़े। राजकुमारी ने प्रणाम करके तलवार महाराणा के हाथों में दे दी, राजपूतों ने भीम-नाद के साथ 'एकलिंग की जय' घोषित किया।

वीर हम्मीर अग्रसर नहीं हो रहे हैं। दुर्ग से रक्षक ससैन्य उसी स्थान पर आ गया, किन्तु वहाँ का दृश्य देखकर वह भी अवाक् हो गया। हम्मीर ने कहा-सेनापते! मैं इस तरह दुर्ग-अधिकार पा तुम्हें बन्दी नहीं करना चाहता, तुम ससैन्य स्वतन्त्र हो। यदि इच्छा हो, तो युद्ध करो। चित्तौर-दुर्ग राणा-वंश का है। यदि हमारा होगा, तो एकलिंग-भगवान् की कृपा से उसे हम हस्तगत करेंगे ही।

दुर्ग-रक्षक ने कुछ सोचकर कहा-भगवान की इच्छा है कि आपको आपका पैतृक दुर्ग मिले, उसे कौन रोक सकता है? सम्भव है कि इसमें राजपूतों की भलाई हो। इससे बन्धुओं का रक्तपात हम नहीं कराना चाहते। आपको चित्तौर का सिंहासन सुखद हो, देश की श्री-वृद्धि हो, हिन्दओं का सूर्य मेवाड़-गगन में एक बार फिर उदित हो। भील, राजपूत, शत्रुओं ने मिलकर महाराणा का जयनाद किया, दुन्दभि बज उठी। मंगल-गान के साथ सपत्नीक हम्मीर पैतृक सिंहासन पर आसीन हुए। अभिवादन ग्रहण कर लेने पर महाराणा ने महिषी से कहा-क्या अब भी तुम कहोगी कि तुम हमारे योग्य नहीं हो?

अशोक

१

पूत-सलिला भागीरथी के तट पर चन्द्रालोक में महाराज चक्रवर्ती अशोक टहल रहे हैं। थोड़ी दूर पर एक युवक खड़ा है। सुधाकर की किरणों के साथ नेत्र-ताराओं को मिलाकर स्थिर दृष्टि से महाराज ने कहा-विजयकेतु, क्या यह बात सच है कि जैन लोगों ने हमारे बौद्ध-धर्माचार्य होने का जनसाधारण में प्रवाद फैलाकर उन्हें हमारे विरुद्ध उत्तेजित किया है और पौण्ड्रवर्धन में एक बुद्धमूर्ति तोड़ी गयी है?

विजयकेतु-महाराज, क्या आपसे भी कोई झूठ बोलने का साहस कर सकता है?

अशोक-मनुष्य के कल्याण के लिये हमने जितना उद्योग किया, क्या वह सब व्यर्थ हुआ? बौद्धधर्म को हमने क्यों प्रधानता दी? इसीलिये कि शान्ति फैलेगी, देश में द्वेष का नाम भी न रहेगा, और उसी शान्ति की छाया में समाज अपने वाणिज्य, शिल्प और विद्या की उन्नति करेगा। पर नहीं, हम देख रहे हैं कि हमारी कामना पूर्ण होने में अभी अनेक बाधाएँ हैं। हमें पहले उन्हें हटाकर मार्ग प्रशस्त करना चाहिये।

विजयकेतु-देव ! आपकी क्या आज्ञा है?

अशोक-विजयकेतु, भारत में एक समय वह था, जब कि इसी अशोक के नाम से लोग काँप उठते थे। क्यों? इसीलिये कि वह बड़ा कठोर शासक था। पर वही अशोक जब से बौद्ध कहकर सर्वत्र प्रसिद्ध हुआ है, उसके शासन को लोग कोमल कहकर भूलने लग गये हैं। अस्तु, तुमको चाहिये कि अशोक का आतंक एक बार फिर फैला दो; और यह आज्ञा प्रचारित कर दो कि जो मनुष्य जैनों का साथी होगा, वह अपराधी होगा; और जो एक जैन का सिर काट लावेगा, वह पुरस्कृत किया जावेगा।

विजयकेतु-(काँपकर) जो महाराज की आज्ञा!

अशोक-जाओ, शीघ्र जाओ।

विजयकेतु चला गया। महाराज अभी वहीं खड़े हैं। नूपुर का कलनाद सुनाई पड़ा। अशोक ने चौंककर देखा, तो बीस-पचीस दासियों के साथ महारानी तिष्यरक्षिता चली आ रही हैं।

अशोक-प्रिये! तुम यहाँ कैसे?

तिष्यरक्षिता-प्राणनाथ! शरीर से कहीं छाया अलग रह सकती है? बहुत देर हुई, मैंने सुना था कि आप आ रहे हैं; पर बैठे-बैठे जी घबड़ा गया कि आने में क्यों देर हो रही है। फिर दासी से ज्ञात हुआ कि आप महल के नीचे बहुत देर से टहल रहे हैं। इसीलिये मैं स्वयं आपके दर्शन के लिये चली आई। अब भीतर चलिये!

अशोक-मैं तो आ ही रहा था। अच्छा चलो।

अशोक और तिष्यरक्षिता समीप के सुन्दर प्रासाद की ओर बढ़े। दासियाँ पीछे थीं।

२

राजकीय कानन में अनेक प्रकार के वृक्ष, सुरभित सुमनों से भरे झूम रहे हैं। कोकिला भी कूक-कूक कर आम की डालों को हिलाये देती है। नव-वसंत का समागम है। मलयानिल इठलाता हुआ कुसुम-कलियों को ठुकराता जा रहा है।

इसी समय कानन-निकटस्थ शैल के झरने के पास बैठकर एक युवक जल-लहरियों की तरंग-भंगी देख रहा है। युवक बड़े सरल विलोकन से कृत्रिम जलप्रपात को देख रहा है। उसकी मनोहर लहरियाँ जो बहुत ही जल्दी-जल्दी लीन हो स्रोत में मिलकर सरल पथ का अनुकरण करती हैं, उसे बहुत ही भली मालूम हो रही हैं। पर युवक को यह नहीं मालूम कि उसकी सरल दृष्टि और सुन्दर अवयव से विवश होकर एक रमणी अपने परम पवित्र पद से च्युत होना चाहती है।

देखो, उस लता-कुंज में, पत्तियों की ओट में, दो नीलमणि के समान कृष्णतारा चमककर किसी अदृश्य आश्चर्य का पता बता रहे हैं। नहीं-नहीं, देखो, चन्द्रमा में भी कहीं तारे रहते हैं? वह तो किसी सुन्दरी के मुख-कमल का आभास है।

युवक अपने आनन्द में मग्न है। उसे इसका कुछ भी ध्यान नहीं है कि कोई व्याघ्र उसकी ओर अलक्षित होकर बाण चला रहा है। युवक उठा, और उसी कुंज की ओर चला। किसी प्रच्छन्न शक्ति की प्रेरणा से वह उसी लता-कुञ्ज की ओर बढ़ा। किन्तु उसकी दृष्टि वहाँ जब भीतर पड़ी, तो वह अवाक् हो गया। उसके दोनों हाथ आप जुट गये। उसका सिर स्वयं अवनत हो गया।

रमणी स्थिर होकर खड़ी थी। उसके हृदय में उद्वेग और शरीर में कम्प था। धीरे-धीरे उसके होंठ हिले और कुछ मधुर शब्द निकले। पर वे शब्द स्पष्ट होकर वायुमण्डल में लीन हो गये। युवक का सिर नीचे ही था। फिर युवती ने अपने को सम्भाला, और बोली-कुनाल, तुम यहाँ कैसे? अच्छे तो हो?

माताजी की कृपा से-उत्तर में कुनाल ने कहा।

युवती मन्द मुस्कान के साथ बोली-मैं तुम्हें देर से यहाँ छिप कर देख रही हूँ।

कुनाल-महारानी तिष्यरक्षिता को छिपकर मुझे देखने की क्या आवश्यकता है?

तिष्यरक्षिता-(कुछ कम्पित स्वर से) तुम्हारे सौन्दर्य से विवश होकर।

कुनाल-(विस्मित तथा भयभीत होकर) पुत्र का सौन्दर्य तो माता ही का दिया हुआ है।

तिष्यरक्षिता-नहीं कुनाल, मैं तुम्हारी प्रेम-भिखारिनी हूँ, राजरानी नहीं हूँ; और न तुम्हारी माता हूँ।

कुनाल-(कुंज से बाहर निकलकर) माताजी, मेरा प्रणाम ग्रहण कीजिए, और अपने इस पाप का शीघ्र प्रायश्चित कीजिये। जहाँ तक सम्भव होगा, अब आप इस पाप-मुख को कभी न देखेंगी।

इतना कहकर शीघ्रता से वह युवक राजकुमार कुनाल, अपनी विमाता की बात सोचता हुआ, उपवन के बाहर निकल गया। पर तिष्यरक्षिता किंकर्तव्यविमूढ़ होकर वहीं तब तक खड़ी रहीं, जब तक किसी दासी के भूषण-शब्द ने उसकी मोह-निद्रा को भंग नहीं किया।

३

श्रीनगर के समीपवर्ती कानन में एक कुटीर के द्वार पर कुनाल बैठा हुआ ध्यानमग्न है। उसकी सुशील पत्नी उसी कुटीर में कुछ भोजन बना रही है।

कुटीर स्वच्छ तथा उसकी भूमि परिष्कृत है। शान्ति की प्रबलता के कारण पवन भी उसी समय धीरे-धीरे चल रहा है।

किन्तु वह शान्ति देर तक न रही, क्योंकि एक दौड़ता हुआ मृगशावक कुनाल की गोद में आ

गिरा, जिससे उसके ध्यान में विघ्न हुआ, और वह खड़ा हो गया। कुनाल ने उस मृगशावक को देखकर समझा कि कोई व्याघ्र भी इसके पीछे आता ही होगा। पर जब कोई उसे न देख पड़ा, तो उसने उस मृगशावक को अपनी स्त्री 'धर्मरक्षिता' को देकर कहा-प्रिये! क्या तुम इसको बच्चे की तरह पालोगी?

धर्मरक्षिता-प्राणनाथ, हमारे ऐसे वनचारियों को ऐसे ही बच्चे चाहिये।

कुनाल-प्रिये! तुमको हमारे साथ बहुत कष्ट है।

धर्मरक्षिता-नाथ, इस स्थान पर यदि सुख न मिला, तो मैं समझूँगी कि संसार में भी कहीं सुख नहीं है।

कुनाल-किन्तु प्रिये, क्या तुम्हें वे सब राज-सुख याद नहीं आते? क्या उनकी स्मृति तुम्हें नहीं सताती? और, क्या तुम अपनी मर्म-वेदना से निकलते हुए आँसुओं को रोक नहीं लेतीं! या वे सचमुच हैं ही नहीं?

धर्मरक्षिता-प्राणधार! कुछ नहीं है। यह सब आपका भ्रम है। मेरा हृदय जितना इस शान्त वन में आनन्दित है, उतना कहीं भी न रहा। भला ऐसे स्वभाववर्धित, सरल-सीधे और सुमनवाले साथी कहाँ मिलते? ऐसी मृदुला लताएँ, जो अनायास ही चरण को चूमती हैं, कहाँ उस जनरव से भरे राजकीय नगर में मिली थीं? नाथ, और सच कहना, (मृग को चूमकर) ऐसा प्यारा शिशु भी तुम्हें आज तक कहीं मिला था? तिस पर भी आपको अपनी विमाता की कृपा से जो दु:ख मिलता था, वह भी यहाँ नहीं है। फिर ऐसा सुखमय जीवन और कौन होगा?

कुनाल के नेत्र आँसुओं से भर आये, और वह उठकर टहलने लगे। धर्मरक्षिता भी अपने कार्य में लगी। मधुर पवन भी उस भूमि में उसी प्रकार चलने लगा। कुनाल का हृदय अशान्त हो उठा, और वह टहलता हुआ कुछ दूर निकल गया। जब नगर का समीपवर्ती प्रान्त उसे दिखाई पड़ा, तब वह रुक गया और उसी ओर देखने लगा।

४

पाँच-छ: मनुष्य दौड़ते हुए चले आ रहे हैं। वे कुनाल के पास पहुँचना ही चाहते थे कि उनके पीछे बीस अश्वारोही देख पड़े। वे सब-के-सब कुनाल के समीप पहुँचे। कुनाल चकित दृष्टि से उन सबको देख रहा था।

आगे दौड़कर आनेवालों ने कहा-महाराज, हम लोगों को बचाइये।

कुनाल उन लोगों को पीछे करके आप आगे डटकर खड़ा हो गया। वे अश्वारोही भी उस युवक कुनाल के अपूर्व तेजोमय स्वरूप को देखकर सहमकर, उसी स्थान पर खड़े हो गये। कुनाल ने उन अश्वारोहियों से पूछा-तुम लोग इन्हें क्यों सता रहे हो? क्या इन लोगों ने कोई ऐसा कार्य किया है, जिससे ये लोग न्यायत: दण्डभागी समझे गये हैं?

एक अश्वारोही, जो उन लोगों का नायक था, बोला-हम लोग राजकीय सैनिक हैं, और राजा की आज्ञा से इन विधर्मी जैनियों का बध करने के लिये आये हैं। पर आप कौन हैं, जो महाराज चक्रवर्त्ती देवप्रिय अशोकदेव की आज्ञा का विरोध करने पर उद्यत हैं?

कुनाल-चक्रवर्त्ती अशोक! वह कितना बड़ा राजा है?

नायक-मूर्ख! क्या तू अभी तक महाराज अशोक का पराक्रम नहीं जानता, जिन्होंने अपने प्रचण्ड भुजदण्ड के बल से कलिंग-विजय किया है? और, जिनकी राज्य-सीमा दक्षिण में केरल और मलयगिरि, उत्तर में सिन्धुकोश-पर्वत, तथा पूर्व और पश्चिम में किरात-देश और पटल हैं! जिनकी मैत्री के लिये यवन-नृपति लोग उद्योग करते रहते हैं, उन महाराज को तू भलीभाँति नहीं जानता?

कुनाल-परन्तु इससे भी बड़ा कोई साम्राज्य है, जिसके लिये किसी राज्य की मैत्री की आवश्यकता नहीं है।

नायक-इस विवाद की आवश्यकता नहीं है, हम अपना काम करेंगे।

कुनाल-तो क्या तुम लोग इन अनाथ जीवों पर कुछ दया न करोगे?

इतना कहते-कहते राजकुमार को कुछ क्रोध आ गया, नेत्र लाल हो गये। नायक उस तेजस्वी मूर्ति को देखकर एक बार फिर सहम गया।

कुनाल ने कहा-अच्छा, यदि तुम न मानोगे, तो यहाँ के शासक से जाकर कहो कि राजकुमार कुनाल तुम्हें बुला रहे हैं।

नायक सिर झुकाकर कुछ सोचने लगा। तब उसने अपने एक साथी की ओर देखकर कहा-जाओ, इन बातों को कहकर, दूसरी आज्ञा लेकर जल्द आओ।

अश्वारोही शीघ्रता से नगर की ओर चला। शेष सब लोग उसी स्थान पर खड़े थे।

थोड़ी देर में उसी ओर से दो अश्वारोही आते हुए दिखाई पड़े। एक तो वही था, जो भेजा गया था, और दूसरा उस प्रदेश का शासक था। समीप आते ही वह घोड़े पर से उतर पड़ा और कुनाल का अभिवादन करने के लिए बढ़ा। पर कुनाल ने रोक कर कहा-बस, हो चुका, मैंने आपको इसलिये कष्ट दिया है कि इन निरीह मनुष्यों की हिंसा की जा रही है।

शासक-राजकुमार! आपके पिता की आज्ञा ही ऐसी है, और आपका यह वेश क्या है?

कुनाल-इसके पूछने की कोई आवश्यकता नहीं, पर क्या तुम इन लोगों को मेरे कहने से छोड़ सकते हो?

शासक-(दु:खित होकर) राजकुमार, आपकी आज्ञा हम कैसे टाल सकते हैं, (ठहरकर) पर एक और बड़े दु:ख की बात है।

कुनाल-वह क्या?

शासक ने एक पत्र अपने पास से निकालकर कुनाल को दिखलाया। कुनाल उसे पढ़कर चुप रहा, और थोड़ी देर के बाद बोला-तो तुमको इस आज्ञा का पालन अवश्य करना चाहिये।

शासक-पर, यह कैसे हो सकता है?

कुनाल-जैसे हो, वह तो तुम्हें करना ही होगा।

शासक-किन्तु राजकुमार, आपके इस देव-शरीर के दो नेत्र-रत्न निकालने का बल मेरे हाथों में नहीं है। हाँ, मैं अपने इस पद का त्याग कर सकता हूँ।

कुनाल-अच्छा, तो तुम मुझे इन लोगों के साथ महाराज के समीप भेज दो।

शासक ने कहा-जैसी आज्ञा।

५

पौण्ड्रवर्धन नगर में हाहाकार मचा हुआ है। नगर-निवासी प्राय: उद्विग्न हो रहे हैं। पर विशेषकर जैन लोगों ही में खलबली मची हुई है। जैन-रमणियाँ, जिन्होंने कभी घर के बाहर पैर भी नहीं रक्खा था, छोटे शिशुओं को लिये हुए भाग रही हैं। पर जायँ कहाँ? जिधर देखती हैं, उधर ही सशस्त्र उन्मत्त काल बौद्ध लोग उन्मत्तों की तरह दिखाई पड़ते हैं। देखो, वह स्त्री, जिसके केश परिश्रम से खुल गये हैं-गोद का शिशु अलग मचल कर रो रहा है, थककर एक वृक्ष के नीचे बैठ गयी है; अरे देखो! दुष्ट निर्दय वहाँ भी पहुँच गये, और उस स्त्री को सताने लगे।

युवती ने हाथ जोड़कर कहा-आप लोग दु:ख मत दीजिये। फिर उसने एक-एक करके अपने सब आभूषण उतार दिये और वे दुष्ट उन सब अलंकारों को लेकर भाग गये। इधर वह स्त्री निद्रा से क्लान्त होकर उसी वृक्ष के नीचे सो गयी।

उधर देखिये, वह एक रथ चला जा रहा है, और उसके पर्दे हटाकर बता रहे हैं कि उसमें स्त्री और पुरुष तीन-चार बैठे हैं। पर सारथी उस ऊँची-नीची पथरीली भूमि में भी उन लोगों की ओर बिना ध्यान दिये रथ शीघ्रता से लिये जा रहा है। सूर्य की किरणें पश्चिम में पीली हो गयी हैं। चारों ओर उस पथ में शान्ति है। केवल उसी रथ का शब्द सुनाई पड़ता है, जो अभी उत्तर की ओर चला जा रहा है।

थोड़ी ही देर में वह रथ सरोवर के समीप पहुँचा और रथ के घोड़े हाँफते हुए थककर खड़े हो गये। अब सारथी भी कुछ न कर सका और उसको रथ के नीचे उतरना पड़ा।

रथ को रुका जानकर भीतर से एक पुरुष निकला और उसने सारथी से पूछा-क्यों, तुमने रथ क्यों रोक दिया?

सारथी-अब घोड़े नहीं चल सकते।

पुरुष-तब तो फिर बड़ी विपत्ति का सामना करना होगा; क्योंकि पीछा करने वाले उन्मत्त सैनिक आ ही पहुँचेंगे।

सारथी-तब क्या किया जाय? (सोचकर) अच्छा, आप लोग इस समीप की कुटी में चलिये, यहाँ कोई महात्मा हैं, वह अवश्य आप लोगों को आश्रय देंगे।

पुरुष ने कुछ सोचकर सब आरोहियों को रथ पर से उतारा, और वे सब लोग उसी कुटी की ओर अग्रसर हुए।

कुटी के बाहर एक पत्थर पर अधेड़ मनुष्य बैठा हुआ है। उसका परिधेय वस्त्र भिक्षुओं के समान है। रथ पर के लोग उसी के सामने जाकर खड़े हुए। उन्हें देखकर वह महात्मा बोले-आप लोग कौन हैं और क्यों आये हैं?

उसी पुरुष ने आगे बढ़क्कर, हाथ जोड़कर कहा-महात्मन्-हम लोग जैन हैं और महाराज अशोक की आज्ञा से जैन लोगों का सर्वनाश किया जा रहा है। अत: हम लोग प्राण के भय से भाग कर अन्यत्र जा रहे हैं। पर मार्ग में घोड़े थक गये, अब ये इस समय चल नहीं सकते। क्या आप थोड़ी देर तक हम लोगों को आश्रय दीजियेगा?

महात्मा थोड़ी देर सोचकर बोले-अच्छा, आप लोग इसी कुटी में चले जाइये।

स्त्री-पुरुषों ने आश्रय पाया।

अभी उन लोगों को बैठे थोड़ी ही देर हुई है कि अकस्मात् अश्व-पद-शब्द ने सबको चकित और भयभीत कर दिया। देखते-देखते दस अश्वारोही उस कुटी के सामने पहुँच गये। उनमें से एक महात्मा की ओर लक्ष्य करके बोला-ओ भिक्षु, क्या तूने अपने यहाँ भागे हुए जैन विधर्मियों को आश्रय दिया है? समझ रख, तू हम लोगों से बहाना नहीं कर सकता, क्योंकि उनका रथ इस बात का ठीक पता दे रहा है।

महात्मा-सैनिकों, तुम उन्हें लेकर क्या करोगे? मैंने अवश्य उन दुखियों को आश्रय दिया है। क्यों व्यर्थ नर-रक्त से अपने हाथों को रंजित करते हो?

सैनिक अपने साथियों की ओर देखकर बोला-यह दुष्ट भी जैन ही है, ऊपरी बौद्ध बना हुआ है; इसे भी मारो।

'इसे भी मारो' का शब्द गूँज उठा, और देखते-देखते उस महात्मा का सिर भूमि में लोटने लगा।

इस काण्ड को देखते ही कुटी के स्त्री-पुरुष चिल्ला उठे। उन नर-पिशाचों ने एक को भी न छोड़ा! सबकी हत्या की।

अब सब सैनिक धन खोजने लगे। मृत स्त्री-पुरुषों के आभूषण उतारे जाने लगे। एक सैनिक, जो उस महात्मा की ओर झुका था, चिल्ला उठा। सबका ध्यान उसी ओर आकर्षित हुआ। सब सैनिकों ने देखा, उसके हाथ में एक अँगूठी है, जिस पर लिखा है, 'वीताशोक'!

६

महाराज अशोक के भाई, जिनका पता नहीं लगता था, वही 'वीताशोक' मारे गये! चारों ओर उपद्रव शान्त है। पौण्ड्रवर्धन नगर प्रशान्त समुद्र की तरह हो गया है।

महाराज अशोक पाटलिपुत्र के साम्राज्य-सिंहासन पर विचारपति होकर बैठे हैं। राजसभा की शोभा तो कहते नहीं बनती। सुवर्ण-रचित बेल-बूटों की कारीगरी से, जिनमें मणि-माणिक्य स्थानानुकूल बिठाये गये हैं। मौर्य-सिंहासन-मड्न्दर भारतवर्ष का वैभव दिखा रहा है, जिसे देखकर पारसीक सम्राट 'दारा' के सिंहासन-मन्दिर को ग्रीक लोग तुच्छ दृष्टि से देखते थे।

धर्माधिकारी, प्राड्विवाक, महामात्य, धर्म-महामात्य रज्जुक, और सेनापति, सब अपने-अपने स्थान पर स्थित हैं। राजकीय तेज का सन्नाटा सबको मौन किये है।

देखते-देखते एक स्त्री और एक पुरुष उस सभा में आये। सभास्थित सब लोगों की दृष्टि को पुरुष के अवनत तथा बड़े-बड़े नेत्रों ने आकर्षित कर लिया। किन्तु सब नीरव हैं। युवक और युवती ने मस्तक झुकाकर महाराजा को अभिवादन किया।

स्वयं महाराजा ने पूछा-तुम्हारा नाम?

उत्तर-कुनाल।

प्रश्न-पिता का नाम।

उत्तर-महाराज चक्रवर्ती धर्माशोक।

सब लोग उत्कण्ठा और विस्मय से देखने लगे कि अब क्या होता है, पर महाराज का मुख कुछ भी विकृत न हुआ, प्रत्युत और भी गम्भीर स्वर से प्रश्न करने लगे।

प्रश्न-तुमने कोई अपराध किया है?

उत्तर-अपनी समझ से तो मैंने अपराध से बचने का उद्योग किया था।

प्रश्न-फिर तुम किस तरह अपराधी बनाये गये?

उत्तर-तक्षशिला के महासामन्त से पूछिये।

महाराज की आज्ञा होते ही शासक ने अभिवादन के उपरान्त एक पत्र उपस्थित किया, जो अशोक के कर में पहुँचा।

महाराज ने क्षण-भर में महामात्य से फिरकर पूछा-यह आज्ञा-पत्र कौन ले गया था, उसे बुलाया जाय।

पत्रवाहक भी आया और कम्पित स्वर से अभिवादन करते हुए बोला-धर्मावतार, यह पत्र मुझे महादेवी तिष्यरक्षिता के महल से मिला था, और आज्ञा हुई थी कि इसे शीघ्र तक्षशिला के शासक के पास पहुँचाओ।

महाराज ने शासक की ओर देखा। उसने हाथ जोड़कर कहा-महाराज, यही आज्ञा-पत्र लेकर गया था।

महाराज ने गम्भीर होकर अमात्य से कहा-तिष्यरक्षिता को बुलाओ।

महामात्य ने कुछ बोलने की चेष्टा की, किन्तु महाराज के भृकुटिभंग ने उन्हें बोलने से निरस्त किया; अब वह स्वयं उठे और चले।

७

महादेवी तिष्यरक्षिता राजसभा में उपस्थित हुईं। अशोक ने गम्भीर स्वर से पूछा-यह तुम्हारी लेखनी से लिखा गया है? क्या उस दिन तुमने इसी कुकर्म के लिये राजमुद्रा छिपा ली थी? क्या कुनाल के बड़े-बड़े सुन्दर नेत्रों ने ही तुम्हें आँखें निकलवाने की आज्ञा देने के लिये विवश किया था? अवश्य तुम्हारा ही यह कुकर्म है। अस्तु, तुम्हारी-ऐसी स्त्री को पृथ्वी के ऊपर नहीं, किन्तु भीतर रहना चाहिये।

सब लोग काँप उठे। कुनाल ने आगे बढ़ घुटने टेक दिये और कहा-क्षमा।

अशोक ने गम्भीर स्वर से कहा-नहीं।

तिष्यरक्षिता उन्हीं पुरुषों के साथ गयी, जो लोग उसे जीवित समाधि देनेवाले थे। महामात्य ने राजकुमार कुनाल को आसन पर बैठाया और धर्मरक्षिता महल में गयी।

महामात्य ने एक पत्र और अँगूठी महाराज को दी। यह पौण्ड्रवर्धन के शासक का पत्र तथा वीताशोक की अँगूठी थी।

पत्र-पाठ करके और मुद्रा को देखकर वही कठोर अशोक विह्वल हो गये, ओर अवसन्न होकर सिंहासन पर गिर पड़े।

उसी दिन से कठोर अशोक ने हत्या की आज्ञा बन्द कर दी, स्थान-स्थान पर जीवहिंसा न करने की आज्ञा पत्थरों पर खुदवा दी गयी।

कुछ ही काल के बाद महाराज अशोक ने उद्विग्न चित्त को शान्त करने के लिये भगवान बुद्ध के प्रसिद्ध स्थानों को देखने के लिए धर्म-यात्रा की।

गुलाम

१

फूल नहीं खिलते हैं, बेले की कलियाँ मुरझाई जा रही हैं। समय में नीरद ने सींचा नहीं, किसी माली की भी दृष्टि उस ओर नहीं घूमी; अकाल में बिना खिले कुसुम-कोरक म्लान होना ही चाहता है। अकस्मात् डूबते सूर्य की पीली किरणों की आभा से चमकता हुआ एक बादल का टुकड़ा स्वर्ण-वर्षा कर गया। परोपकारी पवन उन छींटों को ढकेलकर उन्हें एक कोरक पर लाद गया। भला इतना भार वह कैसे सह सकता है! सब ढुलककर धरणी पर गिर पड़े। कोरक भी कुछ हरा हो गया।

यमुना के बीच धारा में एक छोटी, पर बहुत ही सुन्दर तरणी, मन्द पवन के सहारे धीरे-धीरे बह रही है। सामने के महल से अनेक चन्द्रमुख निकलकर उसे देख रहे हैं। चार कोमल सुन्दरियाँ डाँड़ें चला रही हैं, और एक बैठी हुई सितारी बजा रही है। सामने, एक भव्य पुरुष बैठा हुआ उसकी ओर निर्निमेष दृष्टि से देख रहा है।

पाठक! यह प्रसिद्ध शाहआलम दिल्ली के बादशाह हैं। जलक्रीड़ा हो रही है।

सान्ध्य-सूर्य की लालिमा जीनत-महल के अरुण मुख-मण्डल की शोभा और भी बढ़ा रही है। प्रणयी बादशाह उस आतप-मण्डित मुखारविन्द की ओर सतृष्ण नयन से देख रहे हैं, जिस पर बार-बार गर्व और लज्जा का दुबारा रंग चढ़ता-उतरता है, और इसी कारण सितार का स्वर भी बहुत शीघ्र चढ़ता-उतरता है। संगीत, तार पर चढ़कर दौड़ता हुआ, व्याकुल होकर घूम रहा है; क्षण-भर भी विश्राम नहीं।

जीनत के मुखमण्डल पर स्वेद-बिन्द झलकने लगे। बादशाह ने व्याकुल होकर कहा-बस करो, प्यारी जीनत! बस करो! बहुत अच्छा बजाया, वाह, क्या बात है! साकी, एक प्याला शीराजी शर्बत!

'हुजूर आया'-कहता हुआ एक सुकुमार बालक सामने आया, हाथ में पान-पात्र था। उस बालक की मुख-कान्ति दर्शनीय थी। भरा प्याला छलकना चाहता था, इधर घुँघराली अलकें उसकी आँखों पर बरजोरी एक पर्दा डालना चाहती थीं। बालक प्याले को एक हाथ में लेकर जब केश-गुच्छ को हटाने लगा, तब जीनत और शाहआलम दोनों चकित होकर देखने लगे। अलकें अलग हुईं। बेगम ने एक ठण्डी साँस ली। शाहआलम के मुख से भी एक आह निकलना ही चाहती थी, पर उसे रोककर निकल पड़ा-'बेगम को दो।'

बालक ने दोनों हाथों से पान-पात्र जीनत की ओर बढ़ाया। बेगम ने उसे लेकर पान कर लिया।

नहीं कह सकते कि उस शर्बत ने बेगम को कुछ तरी पहुँचाई या गर्मी; किन्तु हृदय-स्पन्दन अवश्य कुछ बढ़ गया। शाहआलम ने झुककर कहा-एक और!

बालक विचित्र गति से पीछे हटा और थोड़ी देर में दूसरा प्याला लेकर उपस्थित हुआ। पान-पात्र निश्शेष कर शाहआलम ने हाथ कुछ और फैला दिया, और बालक की ओर इंगित करके बोले-कादिर, जरा उँगलियाँ तो बुला दे।

बालक अदब से सामने बैठ गया और उनकी उँगलियों को हाथ में लेकर बुलाने लगा।

मालूम होता है कि जीनत को शर्बत ने कुछ ज्यादा गर्मी पहुँचाई। वह छोटे बजरे के मेहराब में से झुककर यमुना-जल छूने लगी। कलेजे के नीचे एक मखमली तकिया मसली जाने लगी, या न मालूम वही कामिनी के वक्षस्थल को पीडन करने लगी।

शाहआलम की उँगलियाँ, उस कोमल बाल-रवि-कर-समान स्पर्श से, कलियों की तरह चटकने लगीं। बालक की निर्निमेष दृष्टि आकाश की ओर थी। अकस्मात् बादशाह ने कहा-मीना! ख्वाजा-सरा से कह देना कि इस कादिर को अपनी खास तालीम में रखें, और उसके सुपुर्द कर देना।

एक डाँड़े चलाने वाली ने झुककर कहा-बहुत अच्छा हुजूर!

बेगम ने अपने सीने से तकिये को और दबा दिया; किन्तु वह कुछ न बोल सकी, दबकर रह गयी।

२

उपर्युक्त घटना को बहुत दिन बीत गये। गुलाम कादिर अब अच्छा युवक मालूम होने लगा। उसका उन्नत स्कन्ध, भरी-भरी बाँहें और विशाल वक्षस्थल बड़े सुहावने हो गये। किन्तु कौन कह सकता है कि वह युवक है। ईश्वरीय नियम के विरुद्ध उसका पुंसत्व छीन लिया गया है।

कादिर, शाहआलम का प्यारा गुलाम है। उसकी तूती बोल रही है, सो भी कहाँ? शाही नौबतखाने के भीतर।

दीवाने-आम में अच्छी सज-धज है। आज कोई बड़ा दरबार होने वाला है। सब पदाधिकारी अपने योग्यतानुसार वस्त्राभूषण से सजकर अपने-अपने स्थान को सुशोभित करने लगे। शाहआलम भी तख्त पर बैठ गये। तुला-दान होने के बाद बादशाह ने कुछ लोगों का मनसब बढ़ाया और कुछ को इनाम दिया। किसी को हर्बे दिये गये; किसी की पदवी बढ़ायी गयी; किसी की तनख्वाह बढ़ी।

किन्तु बादशाह यह सब करके भी तृप्त नहीं दिखाई पड़ते। उनकी निगाहें किसी को खोज रही हैं। वे इशारा कर रही हैं कि उन्हीं से काम निकल जाय, रसना को बोलना न पड़े; किन्तु करें क्या? वह हो नहीं सकता था। बादशाह ने एक तरफ देखकर कहा-गुलाम कादिर!

कादिर अपने कमरे में कपड़े पहनकर तैयार है, केवल कमरबंद में एक जड़ाऊ दस्ते की कटार लगाना बाकी है, जिसे बादशाह ने उसे प्रसन्न होकर दिया है। कटार लगाकर एक बड़े दर्पण में मुँह देखने की लालसा से वह उस ओर बढ़ा। दर्पण के सामने खड़े होकर उसने देखा, अपरूप सौन्दर्य! किसका? अपना ही। सचमुच कादिर की दृष्टि अपनी आँखों पर से नहीं हटती। मुग्ध होकर वह अपना रूप देख रहा है।

उसका पुरुषोचित सुन्दर मुख-मण्डल तारुण्य-सूर्य के आतप से आलोकित हो रहा है। दोनों भरे हुए कपोल प्रसन्नता से बार-बार लाल हो आते हैं, आँखें हँस रही हैं। सृष्टि सुन्दरतम होकर उसके सामने विकसित हो रही है।

प्रहरी ने आकर कहा-जहाँपनाह ने दरबार में याद किया है।

कादिर चौंक उठा और उसका रंग उतर गया। वह सोचने लगा कि उसका रूप और तारुण्य कुछ नहीं है, किसी काम का नहीं। मनुष्य की सारी सम्पत्ति उससे जबर्दस्ती छीन ली गयी है।

कादिर का जीवन भार हो उठा। निरभ्र, गगन में पावसघन घिर उठे। उसका प्राण तलमला उठा, और वह व्याकुल होकर चाहता था कि दर्पण फोड़ दे।

क्षण-भर में सारी प्रसन्नता मिट्टी में मिल गयी। जीवन दुःसह हो उठा। दाँत आपस में घिस उठे और कटार भी कमर से बाहर निकलने लगी।

कादिर कुछ शान्त हुआ। कुछ सोचकर धीरे-धीरे दरबार की ओर चला। बादशाह के सामने

पहुँचकर यथोचित अभिवादन किया

शाहआलम-कादिर! इतनी देर तक कहाँ रहा?

कादिर-जहाँपनाह! गुलाम की खता माफ हो।

शाहआलम-(हँसते हुए) खता कैसी, कादिर?

कादिर-(जलकर) हुजूर, देर हुई।

शाहआलम-अच्छा, उसकी सजा दी जायगी।

कादिर-(अदब से) लेकिन हुजूर, मेरी भी कुछ अर्ज है।

बादशाह ने पूछा-क्या?

कादिर ने कहा-मुझे यही सजा मिले कि मैं कुछ दिनों के लिये देहली से निकाल दिया जाऊँ।

शाहआलम ने कहा-सो तो बहुत बड़ी सजा है कादिर, ऐसा नहीं हो सकता। मैं तुम्हें कुछ इनाम देना चाहता हूँ, ताकि वह यादगार रहे, और तुम फिर ऐसा कुसूर न करो।

कादिर ने हाथ बाँधकर कहा-हुजूर! इनाम में मुझे छुट्टी ही मिल जाय, ताकि कुछ दिनों तक मैं अपने बूढ़े बाप की खिदमत कर सकूँ।

शाहआलम-(चौंककर) उसकी खिदमत के लिये मेरी दी हुई जागीर काफी है। सहारनपुर में उसकी आराम से गुजरती है।

कादिर ने गिड़गिड़ाकर कहा-लेकिन जहाँपनाह, लडक़ा होकर मेरा भी कोई फर्ज है।

शाहआलम ने कुछ सोचकर कहा-अच्छा, तुम्हें रुख्सत मिली और यादगार की तरह तुम्हें एक-हजारी मनसब अता किया जाता है, ताकि तुम वहाँ से लौट आने में फिर देर न करो।

उपस्थित लोग 'करामात', हुजूर का एकबाल और बुलन्द हो' की धुन मचाने लगे। गुलाम कादिर अनिच्छा रहते उन लोगों का साथ देता था, और अपनी हार्दिक प्रसन्नता प्रकट करने की कोशिश करता था।

३

भारत के सपूत, हिन्दओं के उज्जवल रत्न छत्रपति महाराज शिवाजी ने जो अध्यवसाय और परिश्रम किया, उसका परिणाम मराठों को अच्छा मिला, और उन्होंने भी जब तक उस पूर्व-नीति को अच्छी तरह से माना, लाभ उठाया। शाहआलम के दरबार में क्या-भारत में-आज मराठा-वीर सिन्धिया ही नायक समझा जाता है। सिन्धिया की विपुल वाहिनी के बल से शाहआलम नाममात्र को दिल्ली के सिंहासन पर बैठे हैं। बिना सिन्धिया के मंजूर किये बादशाह-सलामत रत्ती-भर हिल नहीं सकते। सिन्धिया दिल्ली और उसके बादशाह के प्रधान रक्षक हैं। शाहआलम का मुगल रक्त सर्द हो चुका है।

सिन्धिया आपस के झगड़े तय करने के लिये दक्खिन चला गया है। 'मंसूर' नामक कर्मचारी ही इस समय बादशाह का प्रधान सहायक है। शाहआलम का पूरा शुभचिन्तक होने पर भी वह हिन्द सिन्धिया की प्रधानता से भीतर-भीतर जला करता था।

जला हुआ, विद्रोह का झंडा उठाये, इसी समय, गुलाम कादिर रुहेलों के साथ सहारनपुर से आकर दिल्ली के उस पार डेरा डाले पड़ा है। मंसूर उसके लिये हर तरह से तैयार है। एक बार वह भुलावे में आकर चला गया है। अबकी बार उसकी इच्छा है कि वजारत वही करे।

बूढ़े बादशाह संगमरमर के मीनाकारी किये हुए बुर्ज में गावतकिये के सहारे लेटे हुए हैं। मंसूर

सामने हाथ बाँधे खड़ा है। शाहआलम ने भरी हुई आवाज में पूछा-क्यों मंसूर! क्या गुलाम कादिर सचमुच दिल्ली पर हमला करके तख्त छीनना चाहता है? क्या उसको इसीलिए हमने इस मरतबे पर पहुँचाया? क्या सबका आखिरी नतीजा यही है? बोलो, साफ कहो। रुको मत, जिसमें कि तुम बात बना सको।

मंसूर-जहाँपनाह! वह तो गुलाम है। फकत हुजूर की कदमबोसी हासिल करने के लिये आया है। और, उसकी तो यही अर्जी है कि हमारे आका शाहंशाहआलम-हिंद एक काफिर के हाथ की पुतली न बने रहें। अगर हुक्म दें, तो क्या यह गुलाम वह काम नहीं कर सकता?

शाहआलम-मंसूर! इसके माने?

मंसूर-बंद:परवर! वह दिल्ली की वजारत के लिये अर्ज करता है और गुलामी में हाजिर होना चाहता है। उसे तो सिन्धिया से रंज है, हुजूर तो उसके मेहरबान आका हैं।

शाहआलम-(जरा तनकर) हाँ मंसूर, उसे हमने बचपन से पाला है, और इस लायक बनाया।

मंसूर-(मन में) और उसे आपने ही, खुद-गरजी से-जो काबिले-नफरत थी-दुनिया के किसी काम का न रक्खा, जिसके लिये वह जी से जला हुआ है।

शाहआलम-बोलो मंसूर! चुप क्यों हो? क्या वह एहसान-फरामोश है?

मंसूर-हुजूर! फिर, गुलाम खिदमत में बुलाया जावे?

शाहआलम-वजारत देने में मुझे कोई उज्र नहीं है। वह सँभाल सकेगा?

मंसूर-हुजूर, अगर वह न सँभाल सकेगा, तो उसको वही झेलेगा। सिन्धिया खुद उससे समझ लेगा।

शाहआलम-हाँ जी, सिन्धिया से कह दिया जायगा कि लाचारी से उसको वजारत दी गयी। तुम थे नहीं, उसने जबर्दस्ती वह काम अपने हाथ में लिया।

मंसूर-और इससे मुसलमान रियाया भी हुजूर से खुश हो जायगी। तो, उसे हुक्म आने का भेज दिया जाय?

४

दिल्ली के दुर्ग पर गुलाम कादिर का पूर्ण अधिकार हो गया है। बादशाह के कर्मचारियों से सब काम छीन लिया गया है। रुहेलों का किले पर पहरा है। अत्याचारी गुलाम महलों की सब चीजों को लूट रहा है। बेचारी बेगमें अपमान के डर से पिशाच रुहेलों के हाथ, अपने हाथ से अपने आभूषण उतारकर दे रही हैं। पाशविक अत्याचार की मात्रा अब भी पूर्ण नहीं हुई। दीवाने-खास में सिंहासन पर बादशाह बैठे हैं। रुहेलों के साथ गुलाम कादिर उसे घेरकर खड़ा है।

शाहआलम-गुलाम कादिर, अब बस कर! मेरे हाल पर रहम कर, सब कुछ तूने कर लिया। अब मुझे क्यों नाहक परेशान करता है?

गुलाम-अच्छा इसी में है कि अपना छिपा खजाना बता दो।

एक रुहेला-हाँ,हाँ, हम लोगों के लिये भी तो कुछ चाहिये।

शाहआलम-कादिर! मेरे पास कुछ नहीं है। क्यों मुझे तकलीफ देता है?

कादिर-मालूम होता है, सीधी उँगली से घी नहीं निकलेगा।

शाहआलम-मैंने तुझे इस लायक इसलिये बनाया कि तू मेरी इस तरह बेइज्जती करे?

कादिर-तुम्हारे-ऐसों के लिये इतनी ही सजा काफी नहीं है। नहीं देखते हो कि मेरे दिल में बदले की आग जल रही है, मुझे तुमने किस काम का रक्खा? हाय!

मेरी सारी कार्रवाई फजूल है, मेरा सब तुमने लूट लिया है। बदला कहती है कि तुम्हारा गोश्त मैं अपने दाँतों से नोच डालूँ।

शाहआलम-बस कादिर! मैं अपनी खता कुबूल करता हूँ। उसे माफ कर! या तो अपने हाथों से मुझे कत्ल कर डाल! मगर इतनी बेइज्जती न कर!

गुलाम-अच्छा, वह तो किया ही जायेगा! मगर खजाना कहाँ है?

शाहआलम-कादिर! मेरे पास कुछ नहीं है!

गुलाम-अच्छा, तो उतर आएँ तख्त से, देर न करें!

शाहआलम-कादिर! मैं इसी पर बैठा हूँ, जिस पर बैठकर तुझे हुक्म दिया करता था। आ, इसी जगह खंजर से मेरा काम तमाम कर दे।

'वही होगा' कहता हुआ नर-पिशाच कादिर तख्त की ओर बढ़ा। बूढ़े बादशाह को तख्त से घसीटकर नीचे ले आया और उन्हें पटककर छाती पर चढ़ बैठा। खंजर की नोक कलेजे पर रखकर कहने लगा, अब भी अपना खजाना बताओ, तो जान सलामत बच जायगी।

शाहआलम गिड़गिड़ाकर कहने लगे कि ऐसी जिन्दगी की जरूरत नहीं है। अब तू अपना खञ्जर कलेजे के पार कर!

कादिर-लेकिन इससे क्या होगा! अगर तुम मर जाओगे, तो मेरे कलेजे की आग किसे झुलसायेगी; इससे बेहतर है कि मुझसे जैसी चीज छीन ली गयी है, उसी तरह की कोई चीज तुम्हारी भी ली जाय। हाँ, इन्हीं आँखों से मेरी खूबसूरती देखकर तुमने मुझे दुनिया के किसी काम का न रक्खा। लो, मैं तुम्हारी आँखें निकालता हूँ, जिससे मेरा कलेजा कुछ ठण्डा होगा।

इतना कह कादिर ने कटार से शाहआलम की दोनों आँखें निकाल लीं। रोशनी की जगह उन गड्ढों से रक्त के फुहारे निकलने लगे। निकली हुई आँखों को कादिर की आँखें प्रसन्नता से देखने लगीं।

जहाँआरा

१

यमुना के किनारेवाले शाही महल में एक भयानक सन्नाटा छाया हुआ है, केवल बार-बार तोपों की गड़गड़ाहट और अस्त्रों की झनकार सुनाई दे रही है। वृद्ध शाहजहाँ मसनद के सहारे लेटा हुआ है, और एक दासी कुछ दवा का पात्र लिए हुए खड़ी है। शाहजहाँ अन्यमनस्क होकर कुछ सोच रहा है, तोपों की आवाज से कभी-कभी चौंक पड़ता है। अकस्मात् उसके मुख से निकल पड़ा। नहीं-नहीं, क्या वह ऐसा करेगा, क्या हमको तख्त-ताऊस से निराश हो जाना चाहिए?

हाँ, अवश्य निराश हो जाना चाहिए।

शाहजहाँ ने सिर उठाकर कहा-कौन? जहाँआरा? क्या यह तुम सच कहती हो?

जहाँआरा-(समीप आकर) हाँ, जहाँपनाह! यह ठीक है; क्योंकि आपका अकर्मण्य पुत्र 'दारा' भाग गया, और नमक-हराम 'दिलेर खाँ' क्रूर औरंगजेब से मिल गया, और किला उसके अधिकार में हो गया।

शाहजहाँ-लेकिन जहाँआरा! क्या औरंगजेब क्रूर है? क्या वह अपने बूढ़े बाप की कुछ इज्जत न करेगा? क्या वह मेरे जीते ही तख्त-ताऊस पर बैठेगा?

जहाँआरा-(जिसकी आँखों में अभिमान का अश्रुजल भरा था) जहाँपनाह! आपके इसी पुत्रवात्सल्य ने आपकी यह अवस्था की। औरंगजेब एक नारकीय पिशाच है; उसका किया क्या नहीं हो सकता, एक भले कार्य को छोड़कर।

शाहजहाँ-नहीं जहाँआरा! ऐसा मत कहो।

जहाँआरा-हाँ जहाँपनाह! मैं ऐसा ही कहती हूँ।

शाहजहाँ-ऐसा? तो क्या जहाँआरा! इस बदन में मुगल-रक्त नहीं है? क्या तू मेरी कुछ भी मदद कर सकती है?

जहाँआरा-जहाँपनाह की जो आज्ञा हो।

शाहजहाँ-तो मेरी तलवार मेरे हाथ में दे। जब तक वह मेरे हाथ में रहेगी, कोई भी तख्त-ताऊस मुझसे न छुड़ा सकेगा।

जहाँआरा आवेश के साथ-'जहाँपनाह! ऐसा ही होगा'। कहती हुई वृद्ध शाहजहाँ की तलवार उसके हाथ में देकर खड़ी हो गयी। शाहजहाँ उठा और लड़खड़ाकर गिरने लगा, शाहजादी जहाँआरा ने बादशाह को पकड़ लिया, और तख्त-ताऊस के कमरे की ओर ले चली।

२

तख्त-ताऊस पर वृद्ध शाहजहाँ बैठा है, और नकाब डाले जहाँआरा पास ही बैठी हुई है, और कुछ सरदार-जो उस समय वहाँ थे-खड़े हैं; नकीब भी खड़ी है। शाहजहाँ के इशारा करते ही उसने

अपने चिरभ्यस्त शब्द कहने के लिए मुँह खोला। अभी पहला ही शब्द उसके मुँह से निकला था कि उसका सिर छटककर दूर जा रहा! सब चकित होकर देखने लगे।

जिरहबाँतर से लदा हुआ औरंगजेब अपनी तलवार को रुमाल से पोंछता हुआ सामने खड़ा हो गया, और सलाम करके बोला-हुजूर की तबीयत नासाज सुनकर मुझसे न रहा गया; इसलिए हाजिर हुआ।

शाहजहाँ-(काँपकर) लेकिन बेटा! इतनी खूँरेजी की क्या जरूरत थी? अभी-अभी वह देखो, बुड्ढे नकीब की लाश लोट रही है। उफ़! मुझसे यह नहीं देखा जाता! (काँपकर) क्या बेटा, मुझे भी.. (इतना कहते-कहते बेहोश होकर तख्त से झुक गया)।

औरंगजेब-(कड़ककर अपने साथियों से) हटाओ उस नापाक लाश को।

जहाँआरा से अब न रहा गया, और दौड़कर सुगन्धित जल लेकर वृद्ध पिता के मुख पर छिड़कने लगी।

औरंगजेब-(उधर देखकर) हैं! यह कौन है, जो मेरे बूढ़े बाप को पकड़े हुए है? (शाहजहाँ के मुसाहिबों से) तुम सब बड़े नामाकूल हो; देखते नहीं, हमारे प्यारे बाप की क्या हालत है, और उन्हें अभी भी पलंग पर नहीं लिटाया। (औरंगजेब के साथ-साथ सब तख्त की ओर बढ़े)।

जहाँआरा उन्हें यों बढ़ते देखकर फुरती से कटार निकालकर और हाथ में शाही मुहर किया हुआ कागज निकालकर खड़ी हो गयी और बोली-देखो, इस परवाने के मुताबिक मैं तुम लोगों को हुक्म देती हूँ कि अपनी-अपनी जगह पर खड़े रहो, जब तक मैं दूसरा हुक्म न दूँ।

सब उसी कागज की ओर देखने लगे। उसमें लिखा था-इस शख्स का सब लोग हुक्म मानो और मेरी तरह इज्जत करो।

सब उसकी अभ्यर्थना के लिए झुक गये, स्वयं औरंगजेब भी झुक गया, और कई क्षण तक सब निस्तब्ध थे।

अकस्मात् औरंगजेब तनकर खड़ा हो गया और कड़ककर बोला-गिरफ्तार कर लो इस जादूगरनी को। यह सब झूठा फिसाद है, हम सिवा शाहंशाह के और किसी को नहीं मानेंगे।

सब लोग उस औरत की ओर बढ़े। जब उसने यह देखा, तब फौरन अपना नकाब उलट दिया। सब लोगों ने सिर झुका दिया, और पीछे हट गये। औरंगजेब ने एक बार फिर सिर नीचे कर लिया, और कुछ बड़बड़ा कर जोर से बोला-कौन, जहाँआरा, तुम यहाँ कैसे?

जहाँआरा-औरंगजेब! तुम यहाँ कैसे?

औरंगजेब-(पलटकर अपने लड़के की तरफ देखकर) बेटा! मालूम होता है कि बादशाहआलम-बेगम का कुछ दिमाग बिगड़ गया है, नहीं तो इस बेशर्मी के साथ इस जगह पर न आतीं। तुम्हें इनकी हिफाजत करनी चाहिये।

जहाँआरा-और औरंगजेब के दिमाग को क्या हुआ है, जो वह अपने बाप के साथ बेअदबी से पेश आया..

अभी इतना उसके मुँह से निकला ही था कि शाहजादे ने फुरती से उसके हाथ से कटार निकाल लिया और कहा-मैं अदब के साथ कहता हूँ कि आप महल में चलें, नहीं तो..

जहाँआरा से यह देखकर न रहा गया। रमणी-सुलभ वीर्य और अस्त, क्रन्दन और अश्रु का प्रयोग उसने किया और गिड़गिड़ाकर औरंगजेब से बोली-क्यों औरंगजेब! तुमको कुछ भी दया नहीं है?

औरंगजेब ने कहा-दया क्यों नहीं है बादशाह-बेगम! दारा जैसे तुम्हारा भाई था, वैसा ही मैं भी तो

भाई ही था, फिर तरफदारी क्यों?

जहाँआरा-वह तो बाप का तख्त नहीं लिया चाहता था, उनके हुक्म से सल्तनत का काम चलाता था।

ओरंगजेब-तो क्या मैं वह काम नहीं कर सकता? अच्छा, बहस की जरूरत नहीं है। बेगम को चाहिये कि वह महल में जायँ।

जहाँआरा कातर दृष्टि से वृद्ध मूर्च्छित पिता को देखती हुई शाहजादे की बताई राह से जाने लगी।

३

यमुना के किनारे एक महल में शाहजहाँ पलँग पर पड़ा है, और जहाँआरा उसके सिरहाने बैठी हुई है।

जहाँआरा से जब औरंगजेब ने पूछा कि वह कहाँ रहना चाहती है, तब उसने केवल अपने वृद्ध और हतभागे पिता के साथ रहना स्वीकार किया, और अब वह साधारण दासी के वेश में अपना जीवन अभागे पिता की सेवा में व्यतीत करती है।

वह भड़कदार शाही पेशवाज अब उसके बदन पर नहीं दिखायी पड़ती, केवल सादे वस्त्र ही उसके प्रशान्त मुख की शोभा बढ़ाते हैं। चारों ओर उस शाही महल में एक शान्ति दिखलाई पड़ती है। जहाँआरा ने, जो कुछ उसके पास थे, सब सामान गरीबों को बाँट दिये; और अपने निज के बहुमूल्य अलंकार भी उसने पहनना छोड़ दिया। अब वह एक तपस्विनी ऋषिकन्या-सी हो गयी! बात-बात पर दासियों पर वह झिड़की उसमें नहीं रही। केवल आवश्यक वस्तुओं से अधिक उसके रहने के स्थान में और कुछ नहीं है।

वृद्ध शाहजहाँ ने लेटे-लेटे आँख खोलकर कहा-बेटी, अब दवा की कोई जरूरत नहीं है, यादे-खुदा ही दवा है। अब तुम इसके लिये मत कोशिश करना।

जहाँआरा ने रोकर कहा-पिता, जब तक शरीर है, तब तक उसकी रक्षा करनी ही चाहिये।

शाहजहाँ कुछ न बोलकर चुपचाप पड़े रहे। थोड़ी देर तक जहाँआरा बैठी रही; फिर उठी और दवा की शीशियाँ यमुना के जल में फेंक दीं।

थोड़ी देर तक वहीं बैठी-बैठी वह यमुना का मन्द प्रवाह देखती रही। सोचती थी कि यमुना का प्रवाह वैसा ही है, मुगल साम्राज्य भी तो वैसा ही है; वह शाहजहाँ भी तो जीवित है, लेकिन तख्त-ताऊस पर तो वह नहीं बैठते।

इसी सोच-विचार में वह तब तक बैठी थी, जब तक चन्द्रमा की किरणें उसके मुख पर नहीं पड़ीं।

४

शाहजादी जहाँआरा तपस्विनी हो गयी है। उसके हृदय में वह स्वाभाविक तेज अब नहीं है, किन्तु एक स्वर्गीय तेज से वह कान्तिमयी थी। उसकी उदारता पहले से भी बढ़ गयी। दीन और दुखी के साथ उसकी ऐसी सहानुभूति थी कि लोग 'मूर्तिमती करुणा' मानते थे। उसकी इस चाल से पाषाण-हृदय औरंगजेब भी विचलित हुआ। उसकी स्वतन्त्रता जो छीन ली गयी थी, उसे फिर मिली। पर अब स्वतन्त्रता का उपभोग करने के लिए अवकाश ही कहाँ था? पिता की सेवा और दुखियों के प्रति सहानुभूति करने से उसे समय ही नहीं था। जिसकी सेवा के लिए सैकड़ों दासियाँ हाथ बाँधकर खड़ी रहती थीं, वह स्वयं दासी की तरह अपने पिता की सेवा करती हुई अपना जीवन व्यतीत करने लगी। वृद्ध शाहजहाँ के इंगित करने पर उसे उठाकर बैठाती और सहारा देकर कभी-कभी यमुना के तट तक उसे ले जाती और उसका मनोरंजन करती हुई छाया-सी बनी रहती।

वृद्ध शाहजहाँ ने इहलोक की लीला पूरी की। अब जहाँआरा को संसार में कोई काम नहीं है। केवल इधर-उधर उसी महल में घूमना भी अच्छा नहीं मालूम होता। उसकी पूर्व स्मृति और भी उसे सताने लगी। धीरे-धीरे वह बहुत क्षीण हो गयी। बीमार पड़ी। पर, दवा कभी न पी। धीरे-धीरे उसकी बीमारी बहुत बढ़ी और उसकी दशा बहुत खराब हो गयी, तब औरंगजेब ने सुना। अब उससे भी सह्य न हो सका। वह जहाँआरा को देखने के लिये गया।

एक पुराने पलँग पर, जीर्ण बिछौने पर, जहाँआरा पड़ी थी और केवल एक धीमी साँस चल रही थी। औरंगजेब ने देखा कि वह जहाँआरा है, जिसके लिये भारतवर्ष की कोई वस्तु अलभ्य नहीं थी, जिसके बीमार पड़ने पर शाहजहाँ भी व्यग्र हो जाता था और सैकड़ों हकीम उसे आरोग्य करने के लिये प्रस्तुत रहते थे। वह इस तरह एक कोने में पड़ी है!

पाषाण भी पिघला, औरंगजेब की आँखें आँसू से भर आयीं और वह घुटने के बल बैठ गया। समीप मुँह ले जाकर बोला-बहिन, कुछ हमारे लिये हुक्म है?

जहाँआरा ने अपनी आँखें खोल दीं और एक पुरजा उसके हाथ में दिया, जिसे झुककर औरंगजेब ने लिया। फिर पूछा-बहिन, क्या तुम हमें माफ करोगी?

जहाँआरा ने खुली हुई आँखों को आकाश की ओर उठा दिया। उस समय उनमें से एक स्वर्गीय ज्योति निकल रही थी और वह वैसे ही देखती रह गयी। औरंगजेब उठा और उसने आँसू पोंछते हुए पुरजे को पढ़ा। उसमें लिखा था--

बगैर सब्ज: न पोशद कसे मजार मरा।
कि कब्रपोश गरीबाँ हमीं गयाह बसस्त।।

मदन-मृणालिनी

विजया-दशमी का त्योहार समीप है, बालक लोग नित्य रामलीला होने से आनन्द में मग्न हैं।

हाथ में धनुष और तीर लिये हुए एक छोटा-सा बालक रामचन्द्र बनने की तैयारी में लगा हुआ है। चौदह वर्ष का बालक बहुत ही सरल और सुन्दर है।

खेलते-खेलते बालक को भोजन की याद आई। फिर कहाँ का राम बनना और कहाँ की रामलीला। चट धनुष फेंककर दौड़ता हुआ माता के पास जा पहुँचा और उस ममता-मोहमयी माता के गले से लिपटकर-माँ! खाने को दे, माँ! खाने को दे-कहता हुआ जननी के चित्त को आनन्दित करने लगा।

जननी बालक का मचलना देखकर प्रसन्न हो रही थी और थोड़ी देर तक बैठी रहकर और भी मचलना देखा चाहती थी। उसके यहाँ एक पड़ोसिन बैठी थी, अतएव वह एकाएक उठकर बालक को भोजन देने में असमर्थ थी। सहज ही असन्तुष्ट हो जाने वाली पड़ोस की स्त्रियों का सहज क्रोधमय स्वभाव किसी से छिपा न होगा। यदि वह तत्काल उठकर चली जाती, तो पड़ोसिन क्रुद्ध होती। अत: वह उठकर बालक को भोजन देने में आनाकानी करने लगी। बालक का मचलना और भी बढ़ चला। धीरे-धीरे वह क्रोधित हो गया, दौड़कर अपनी कमान उठा लाया; तीर चढ़ाकर पड़ोसिन को लक्ष्य किया और कहा-तू यहाँ से जा, नहीं तो मैं मारता हूँ।

दोनों स्त्रियाँ केवल हँसकर उसको मना करती रहीं। अकस्मात् वह तीर बालक के हाथ से छूट पड़ा और पड़ोसिन की गर्दन में कुछ धँस गया! अब क्या था, वह अर्जुन और अश्वत्थामा का पाशुपतास्त्र हो गया। बालक की माँ बहुत घबरा गयी, उसने अपने हाथ से तीर निकाला, उसके रक्त को धोया, बहुत कुछ ढाढ़स दिया। किन्तु घायल स्त्री का चिल्लाना-कराहना सहज में थमने वाला नहीं था।

बालक की माँ विधवा थी, कोई उसका रक्षक न था। जब उसका पति जीता था, तब तक उसका संसार अच्छी तरह चलता था; अब जो कुछ पूँजी बच रही थी, उसी में वह अपना समय बिताती थी। ज्यों-त्यों करके उसने चिर-संरक्षित धन में से पचीस रुपये उस घायल स्त्री को दिये।

वह स्त्री किसी से यह बात न कहने का वादा करके अपने घर गयी। परन्तु बालक का पता नहीं, वह डर के मारे घर से निकल किसी ओर भाग गया।

माता ने समझा कि पुत्र कहीं डर से छिपा होगा, शाम तक आ जायगा। धीरे-धीरे सन्ध्या-पर-सन्ध्या, सप्ताह-पर-सप्ताह, मास-पर-मास, बीतने लगे; परन्तु बालक का कहीं पता नहीं। शोक से माता का हृदय जर्जर हो गया, वह चारपाई पर लग गयी। चारपाई ने भी उसका ऐसा अनुराग देखकर उसे अपना लिया, और फिर वह उस पर से न उठ सकी। बालक को अब कौन पूछने वाला है!

-- --

कलकत्ता-महानगरी के विशाल भवनों तथा राजमार्गों को आश्चर्य से देखता हुआ एक बालक सुसज्जित भवन के सामने खड़ा है। महीनों कष्ट झेलता, राह चलता, थकता हुआ बालक यहाँ पहुँचा

है।

बालक थोड़ी देर तक यही सोचता था कि अब मैं क्या करूँ, किससे अपने कष्ट की कथा कहूँ। इतने में वहाँ धोती-कमीज पहने हुए एक सभ्य बंगाली महाशय का आगमन हुआ।

उस बालक की चौड़ी हड्डी, सुडौल बदन और सुन्दर चेहरा देखकर बंगाली महाशय रुक गये और उसे एक विदेशी समझकर पूछने लगे।

तुम्हारा मकान कहाँ है?

ब...में।

तुम यहाँ कैसे आये?

भागकर।

नौकरी करोगे?

हाँ।

अच्छा, हमारे साथ चलो।

बालक ने सोचा कि सिवा काम के और क्या करना है, तो फिर इनके साथ ही उचित है। कहा-अच्छा, चलिये।

बंगाली महाशय उस बालक को घुमाते-फिराते एक मकान के द्वार पर पहुँचे। दरबान ने उठकर सलाम किया। वह बालक-सहित एक कमरे में पहुँचे, जहाँ एक नवयुवक बैठा हुआ कुछ लिख रहा था, सामने बहुत से कागज इधर-उधर बिखरे पड़े थे।

युवक ने बालक को देखकर पूछा-बाबूजी, यह बालक कौन है?

यह नौकरी करेगा, तुमको एक आदमी की जरूरत थी ही, सो इसको हम लिवा लाये हैं, अपने साथ रक्खो-बाबूजी यह कहकर घर के दूसरे भाग में चले गये थे।

युवक के कहने पर बालक भी अचकचाता हुआ बैठ गया। उनमें इस तरह बातें होने लगीं-युवक-क्यों जी, तुम्हारा नाम क्या है?

बालक-(कुछ सोचकर) मदन।

युवक-नाम तो बड़ा अच्छा है। अच्छा, कहो, तुम क्या खाओगे? रसोई बनाना जानते हो?

बालक-रसोई बनाना तो नहीं जानते। हाँ, कच्ची-पक्की जैसी हो, बनाकर खा लेते हैं, किन्तु ..

अच्छा, संकोच करने की कोई जरूरत नहीं है-इतना कहकर युवक ने पुकारा-कोई है?

एक नौकर दौड़कर आया-हुजूर, क्या हुक्म है?

युवक ने कहा-इनको भोजन कराने के लिए ले जाओ।

भोजन के उपरान्त बालक युवक के पास आया। युवक ने एक घर दिखाकर कहा कि उस सामने की कोठरी में सोओ और उसे अपने रहने का स्थान समझो।

युवक की आज्ञा के अनुसार बालक उस कोठरी में गया, देखा तो एक साधारण-सी चौकी पड़ी है; एक घड़े में जल, लोटा और गिलास भी रक्खा हुआ है। वह चुपचाप चौकी पर लेट गया।

लेटने पर उसे बहुत-सी बातें याद आने लगीं, एक-एक करके उसे भावना के जाल में फँसाने लगीं। बाल्यावस्था के साथी, उनके साथ खेल-कूद, राम-रावण की लड़ाई, फिर उस विजया-दशमी के दिन की घटना, पड़ोसिन के अंग में तीर का धँस जाना, माता की व्याकुलता, और मार्ग के कष्ट को

सोचते-सोचते उस भयातुर बालक की विचित्र दशा हो गयी।

मनुष्य की मिमियाई निकालने वाली द्वीप-निवासिनी जातियों की भयानक कहानियाँ, जिन्हें उसने बचपन में माता की गोद में पड़े-पड़े सुना था, उसे और भी डराने लगीं। अकस्मात् उसके मस्तिष्क को उद्वेग से भर देनेवाली यह बात भी समा गयी कि-ये लोग तो मुझे नौकर बनाने के लिए अपने यहाँ लाये थे, फिर इतने आराम से क्यों रक्खा है? हो-न-हो, वही टापूवाली बात है। बस, फिर कहाँ की नींद और कहाँ का सुख, करवटें बदलने लगा! मन में यही सोचता था कि यहाँ से किसी तरह भाग चलो।

-- --

परन्तु निद्रा भी कैसी प्यारी वस्तु है! घोर दुःख के समय भी मनुष्य को यही सुख देती है। सब बातों से व्याकुल होने पर भी वह कुछ देर के लिये सो गया।

मदन उसी घर में रहने लगा। अब उसे उतनी घबराहट नहीं मालूम होती। अब वह निर्भय-सा हो गया है। किन्तु अभी तक यह बात कभी-कभी उसे उधेड़-बुन में लगा देती है कि ये लोग मुझसे इतना अच्छा बर्ताव क्यों करते हैं और क्यों इतना सुख देते हैं। पर इन सब बातों को वह उस समय भूल जाता है, जब 'मृणालिनी' उसकी रसोई बनवाने लगती है। देखो, रोटी जलती है, उसे उलट दो, दाल भी चला दो-इत्यादि बातें जब मृणालिनी के कोमल कण्ठ से वीणा की झंकार के समान सुनाई देती है, तब वह अपना दुःख-माता का सोच-सब भूल जाता है।

मदन है तो अबोध, किन्तु संयुक्त प्रान्तवासी होने के कारण स्पृश्यास्पृश्य का उसे बहुत ही ध्यान रहता है। वह दूसरे का बनाया भोजन नहीं करता। अतएव मृणालिनी आकर उसे बताती है और भोजन के समय हवा भी करती है।

मृणालिनी गृहस्वामी की कन्या है। वह देवबाला-सी जान पड़ती है। बड़ी-बड़ी आँखें, उज्ज्वल कपोल, मनोहर अंगभंगी, गुल्फविलम्बित केश-कलाप उसे और भी सुन्दरी बनने में सहायता दे रहे हैं। अवस्था तेरह वर्ष की है; किन्तु वह बहुत गम्भीर है।

नित्य साथ होने से दोनों में अपूर्व भाव का उदय हुआ है। बालक का मुख जब आग की आँच से लाल तथा आँखें धुएँ के कारण आँसुओं से भर जाती हैं, तब बालिका आँखों में आँसू भर कर, रोष-पूर्वक पंखी फेंककर कहती है-लो जी, इससे काम लो, क्यों व्यर्थ परिश्रम करते हो? इतने दिन तुम्हें रसोई बनाते हुए, मगर बनाना न आया!

तब मदन आँच लगने के सारे दुःख को भूल जाता। तब उसकी तृष्णा और बढ़ जाती; भोजन रहने पर भी भूख सताती है। और, सताया जाकर भी वह हँसने लगता है। मन-ही-मन सोचता, मृणालिनी! तुम बंग-महिला क्यों हुईं?

मदन के मन में यह बात क्यों उत्पन्न हुई? दोनों सुन्दर थे, दोनों ही किशोर थे, दोनों संसार से अनभिज्ञ थे, दोनों के हृदय में रक्त था-उच्छ्वास था-आवेग था-विकास था, दोनों के हृदय-सिन्धु में किसी अपूर्व चन्द्र का मधुर-उज्ज्वल प्रकाश पड़ता था, दोनों के हृदय-कानन में नन्दन-पारिजात खिला था!

-- --

जिस परिवार में बालक मदन पलता था, उसके मालिक हैं अमरनाथ बनर्जी। आपके नवयुवक पुत्र का नाम है किशोरनाथ बनर्जी, कन्या का नाम मृणालिनी और गृहिणी का नाम हीरामणि है। बम्बई और कलकत्ता, दोनों स्थानों में, आपकी दूकानें थीं, जिनमें बाहरी चीजों का क्रय-विक्रय होता था; विशेष काम मोती के बनिज का था। आपका आफिस सीलोन में था; वहाँ से मोती की खरीद होती थी। आपकी कुछ जमीन भी वहाँ थी। उससे आपकी बड़ी आय थी। आप प्रायः अपनी बम्बई की दूकान में और आपका परिवार कलकत्ते में रहता था। धन अपार था, किसी चीज की कमी न थी। तो

भी आप एक प्रकार से चिन्तित थे।

संसार में कौन चिन्ताग्रस्त नहीं है? पशु-पक्षी, कीट-पतंग, चेतन और अचेतन, सभी को किसी प्रकार की चिन्ता है। जो योगी हैं, जिन्होंने सब कुछ त्याग दिया है, संसार जिनके वास्ते असार है, उन्होंने भी स्वीकार किया है। यदि वे आत्मचिन्तन न करें, तो उन्हें योगी कौन कहेगा?

किन्तु बनर्जी महाशय की चिन्ता का कारण क्या है? सो पति-पत्नी की इस बातचीत से ही विदित हो जायगा-

अमरनाथ-किशोर तो क्वाँरा ही रहा चाहता है। अभी तक उसकी शादी कहीं पक्की नहीं हुई।

हीरामणि-सीलोन में आपके व्यापार करने तथा रहने से समाज आपको दूसरी ही दृष्टि से देख रहा है।

अमरनाथ-ऐसे समाज की मुझे परवाह नहीं है। मैं तो केवल लडक़ी और लड़के का ब्याह अपनी जाति में करना चाहता था। क्या टापुओं में जाकर लोग पहले बनिज नहीं करते थे? मैंने कोई अन्य धर्म तो ग्रहण नहीं किया, फिर यह व्यर्थ का आडम्बर क्यों है? और, यदि, कोई खान-पान का दोष दे, तो क्या यहाँ पर तिलक कर पूजा करने वाले लोगों से होटल बचा हुआ है?

हीरामणि-फिर क्या कीजियेगा? समाज तो इस समय केवल उन्हीं बगला-भगतों को परम धार्मिक समझता है!

अमरनाथ-तो फिर अब मैं ऐसे समाज को दूर ही से हाथ जोड़ता हूँ।

हीरामणि-तो क्या ये लडक़ी-लड़के क्वाँरे ही रहेंगे?

अमरनाथ-नहीं, अब हमारी यह इच्छा है कि तुम सबको लेकर उसी जगह चलें। यहाँ कई वर्ष रहते भी हुआ किन्तु कार्य सिद्ध होने की कुछ भी आशा नहीं है, तो फिर अपना व्यापार क्यों नष्ट होने दें? इसलिये, अब तुम सबको वहीं चलना होगा। न होगा तो ब्राह्म हो जायँगे, किन्तु यह उपेक्षा अब सही नहीं जाती।

-- --

मदन, मृणालिनी के संगम से बहुत ही प्रसन्न है। सरला मृणालिनी भी प्रफुल्लित है। किशोरनाथ भी उसे बहुत ही प्यार करता है, प्राय: उसी को साथ लेकर हवा खाने के लिए जाता है। दोनों में बहुत ही सौहार्द है। मदन भी बाहर किशोरनाथ के साथ और घर आने पर मृणालिनी की प्रेममयी वाणी से आप्यायित रहता है।

मदन का समय सुख से बीतने लगा। किन्तु बनर्जी महाशय के सपरिवार बाहर जाने की बातों ने एक बार उसके हृदय को उद्वेगपूर्ण बना दिया। वह सोचने लगा कि मेरा क्या परिणाम होगा, क्या मुझे भी चलने के लिए आज्ञा देंगे? और, यदि ये चलने के लिए कहेंगे, तो नैं क्या करूँगा? इनके साथ जाना ठीक होगा या नहीं?

इन सब बातों को वह सोचता ही था कि इतने में किशोरनाथ ने अकस्मात् आकर उसे चौंका दिया। उसने खड़े होकर पूछा-कहिये, आप लोग किस सोच-विचार में पड़े हुए हैं? कहाँ जाने का विचार है?

क्यों, क्या तुम न चलोगे?

कहाँ?

जहाँ हम लोग जायँ।

वही तो पूछता हूँ कि आप लोग कहाँ जायँगे?

सीलोन।

तो मुझसे भी आप वहाँ चलने के लिये कहते हैं?

इसमें तुम्हारी हानि ही क्या है?

(यज्ञोपवीत दिखाकर) इसकी ओर भी तो ध्यान कीजिये!

तो क्या समुद्र-यात्रा तुम नहीं कर सकते?

सुना है कि वहाँ जाने से धर्म नष्ट हो जाता है!

क्यों? जिस तरह तुम यहाँ भोजन बनाते हो, उसी तरह वहाँ भी बनाना।

जहाज पर भी चढ़ना होगा!

उसमें हर्ज ही क्या है? लोग गंगासागर और जगन्नाथजी जाते समय जहाज पर नहीं चढ़ते?

मदन अब निरुत्तर हुआ; किन्तु उत्तर सोचने लगा। इतने ही में उधर से मृणालिनी आती हुई दिखायी पड़ी। मृणालिनी को देखते ही उसके विचाररूपी मोतियों को प्रेम-हंस ने चुग लिया और उसे उसकी बुद्धि और भी भ्रमपूर्ण जान पड़ने लगी।

मृणालिनी ने पूछा-क्यों मदन, तुम बाबा के साथ न चलोगे?

जिस तरह वीणा की झंकार से मस्त होकर मृग स्थिर हो जाता है, अथवा मनोहर वंशी की तान से झूमने लगता है, वैसे ही मृणालिनी के मधुर स्वर में मुग्ध मदन ने कह दिया-क्यों न चलूँगा।

-- --

सारा संसार घड़ी-घड़ी-भर पर, पल-पल-भर पर, नवीन-सा प्रतीत होता है और इससे उस विश्वयन्त्र को बनाने वाले स्वतन्त्र की बड़ी भारी निपुणता का पता लगता है; क्योंकि नवीनता की यदि रचना न होती, तो मानव-समाज को यह संसार और ही तरह का भासित होता। फिर उसे किसी वस्तु की चाह न होती, इतनी तरह के व्यावहारिक पदार्थों की कुछ भी आवश्यकता न होती। समाज, राज्य और धर्म के विशेष परिवर्तन-रूपी पट में इसकी मनोहर मूर्ति और भी सलोनी देख पड़ती है। मनुष्य बहुप्रेमी क्यों हो जाता है? मानवों की प्रवृत्ति क्यों दिन-रात बदला करती है? नगर-निवासियों को पहाड़ी घाटियाँ सौन्दर्यमयी प्रतीत होती हैं? विदेश-पर्यटन में क्यों मनोरंजन होता है? मनुष्य क्यों उत्साहित होता है? इत्यादि प्रश्नों के उत्तर में केवल यही कहा जा सकता है कि नवीनता की प्रेरणा!

नवीनता वास्तव में ऐसी ही वस्तु है कि जिससे मदन को भारत से सीलोन तक पहुँच जाना कुछ कष्टकर न हुआ।

विशाल सागर के वक्षस्थल पर दानव-राज की तरह वह जहाज अपनी चाल और उसकी शक्ति दिखा रहा है। उसे देखकर मदन को द्रौपदी और पाण्डवों को लादे हुए घटोत्कच का ध्यान आता था।

उत्ताल तरंगों की कल्लोल-माला अपना अनुपम दृश्य दिखा रही है। चारों ओर जल-ही-जल है, चन्द्रमा अपने पिता की गोद में क्रीड़ा करता हुआ आनन्द दे रहा है। अनन्त सागर में अनन्त आकाश-मण्डल के असंख्य नक्षत्र अपने प्रतिबिम्ब दिखा रहे हैं।

मदन तीन-चार बरस में युवक हो गया है। उसकी भावुकता बढ़ गयी थी। वह समुद्र का सुन्दर दृश्य देख रहा था। अकस्मात् एक प्रकाश दिखायी देने लगा। वह उसी को देखने लगा।

उस मनोहर अरुण का प्रकाश नील जल को भी आरक्तिम बनाने की चेष्टा करने लगा। चंचल तरंगों की लहरियाँ सूर्य की किरणों से क्रीड़ा करने लगीं। मदन उस अनन्त समुद्र को देखकर डरा नहीं किन्तु अपने प्रेममय हृदय का एक जोड़ा देखकर और भी प्रसन्न हुआ वह निर्भीक हृदय से उन लोगों के साथ सीलोन पहुँचा।

-- --

अमरनाथ के विशाल भवन में रहने से मदन को बड़ी ही प्रसन्नता है। मृणालिनी और मदन उसी प्रकार से मिलते-जुलते हैं, जैसे कलकत्ते में मिलते-जुलते थे। लवण-महासमुद्र की महिमा दोनों ही को मनोहर जान पड़ती है। प्रशान्त महासागर के तट की सन्ध्या दोनों के नेत्रों को ध्यान में लगा देती है। डूबते हुए सूर्यदेव देव-तुल्य हृदयों को संसार की गति दिखलाते हैं, अपने राग की आभा उन प्रभातमय हृदयों पर डालते हैं, दोनों ही सागर-तट पर खड़े सिन्धु की तरंग-भंगियों को देखते हैं; फिर भी दोनों ही दोनों की मनोहर अंग-भंगियों में भूले हुए हैं।

महासमुद्र के तट पर बहुत समय तक खड़े होकर मृणालिनी और मदन उस अनन्त का सौन्दर्य देखते थे। अकस्मात् बैण्ड का सुरीला राग सुनाई दिया, जो कि सिन्धु गर्जन को भी भेद कर निकलता था।

मदन, मृणालिनी-दोनों एकाग्रचित्त हो उस ओजस्विनी कविवाणी को जातीय संगीत में सुनने लगे। किन्तु वहाँ कुछ दिखाई न दिया। चकित होकर वे सुन रहे थे। प्रबल वायु भी उत्ताल तरंगों को हिलाकर उनको डराता हुआ उसी की प्रतिध्वनि करता था। मन्त्र-मुग्ध के समान सिन्धु भी अपनी तरंगों के घात-प्रतिघात पर चिढ़कर उन्हीं शब्दों को दुहराता है। समुद्र को स्वीकार करते देख कर अनन्त आकाश भी उसी की प्रतिध्वनि करता है।

धीरे-धीरे विशाल सागर के हृदय को फाड़ता हुआ एक जंगी जहाज दिखाई पड़ा। मदन और मृणालिनी, दोनों ही, स्थिर दृष्टि से उसकी ओर देखते रहे। जहाज अपनी जगह पर ठहरा और इधर पोर्ट-संरक्षक ने उस पर सैनिकों के उतरने के लिए यथोचित प्रबन्ध किया।

समुद्र की गम्भीरता, सन्ध्या की निस्तब्धता और बैण्ड के सुरीले राग ने दोनों के हृदयों को सम्मोहित कर लिया, और वे इन्हीं सब बातों की चर्चा करने लग गये।

मदन ने कहा-मृणालिनी, यह बाजा कैसा सुरीला है!

मृणालिनी का ध्यान टूटा। सहसा उसके मुख से निकला-तुम्हारे कल-कण्ठ से अधिक नहीं है।

इसी तरह दिन बीतने लगे। मदन को कुछ काम नहीं करना पड़ता था। जब कभी उसका जी चाहता, तब वह महासागर के तट पर जाकर प्रकृति की सुषमा को निरखता और उसी में आनन्दित होता था। वह प्राय: गोता लगाकर मोती निकालने वालों की ओर देखा करता और मन-ही-मन उनकी प्रशंसा किया करता था।

मदन का मालिक भी उसको कभी कोई काम करने के लिये आज्ञा नहीं देता था। वह उसे बैठा देखकर मृणालिनी के साथ घूमने के लिए जाने की आज्ञा देता था। उसका स्वभाव ही ऐसा सरल था कि सभी सहवासी उससे प्रसन्न रहते थे, वह भी उनसे खूब हिल-मिलकर रहता था।

-- --

संसार भी बड़ा प्रपञ्चमय यन्त्र है। वह अपनी मनोहरता पर आप ही मुग्ध रहता है।

एक एकान्त कमरे में बैठे हुए मृणालिनी और मदन ताश खेल रहे हैं: दोनों जी-जान से अपने-अपने जीतने की कोशिश कर रहे हैं।

इतने ही में सहसा अमरनाथ बाबू उस कोठरी में आये। उनके मुख-मण्डल पर क्रोध झलकता था। वह आते ही बोले-क्यों रे दुष्ट! तू बालिका को फुसला रहा है?

मदन तो सुनकर सन्नाटे में आ गया। उसने नम्रता के साथ होकर पूछा-क्यों पिता, मैंने क्या किया?

अमरनाथ-अभी पूछता ही है! तू इस लडक़ी को बहका कर अपने साथ लेकर दूसरी जगह

भागना चाहता है?

मदन-बाबूजी, यह आप क्या कह रहे हैं? मुझ पर आप इतना अविश्वास कर रहे हैं? किसी दुष्ट ने आपसे झूठी बात कही है।

अमरनाथ-अच्छा, तुम यहाँ से चलो और अब से तुम दूसरी कोठरी में रहा करो। मृणालिनी को और तुमको अगर हम एक जगह अब देख पावेंगे तो समझ रक्खो-समुद्र के गर्भ में ही तुमको स्थान मिलेगा।

मदन, अमरनाथ बाबू के पीछे चला। मृणालिनी मुरझा गयी, मदन के ऊपर अपवाद लगाना उसके सुकुमार हृदय से सहा नहीं गया। वह नव-कुसुमित पददलित आश्रय-विहीन माधवी-लता के समान पृथ्वी पर गिर पड़ी और लोट-लोटकर रोने लगी।

मृणालिनी ने दरवाजा भीतर से बन्द कर लिया और वहीं लोटती हुई आँसुओं से हृदय की जलन को बुझाने लगी।

कई घण्टे के बाद जब उसकी माँ ने जाकर किवाड़ खुलवाये, उस समय उसकी रेशमी साड़ी का आँचल भींगा हुआ, उसका मुख सूखा हुआ और आँखें लाल-लाल हो आयी थीं। वास्तव में वह मदन के लिये रोई थी। इसी से उसकी यह दशा हो गयी। सचमुच संसार बड़ा प्रपञ्चमय है।

-- --

दूसरे घर में रहने से मदन बहुत घबड़ाने लगा। वह अपना मन बहलाने के लिए कभी-कभी समुद्र-तट पर बैठकर गद्गद हो सूर्य-भगवान का पश्चिम दिशा से मिलना देखा करता था; और जब तक वह अस्त न हो जाते थे, तब तक बराबर टकटकी लगाये देखता था। वह अपने चित्त में अनेक कल्पना की लहरें उठाकर समुद्र और अपने हृदय से तुलना भी किया करता था।

मदन का अब इस संसार में कोई नहीं है। माता भारत में जीती है या मर गयी-यह भी बेचारे को नहीं मालूम! संसार की मनोहरता, आशा की भूमि, मदन के जीवन-स्रोत का जल, मदन के हृदय-कानन का अपूर्व पारिजात, मदन के हृदय-सरोवर की मनोहर मृणालिनी भी अब उससे अलग कर दी गई है। जननी, जन्मभूमि, प्रिय, कोई भी तो मदन के पास नहीं है? इसी से उसका हृदय आलोड़ित होने लगा, और वह अनाथ बालक ईर्ष्या से भरकर अपने अपमान की ओर ध्यान देने लगा। उसको भली-भाँति विश्वास हो गया कि इस परिवार के साथ रहना ठीक नहीं है। जब इन्होंने मेरा तिरस्कार किया, तो अब इन्हीं के आश्रित होकर क्यों रहूँ?

यह सोचकर उसने अपने चित्त में कुछ निश्चय किया और कपड़े पहनकर समुद्र की ओर घूमने के लिए चल पड़ा। राह में वह अपनी उधेड़बुन में चला जाता था कि किसी ने पीठ पर हाथ रक्खा। मदन ने पीछे देखकर कहा-आह, आप हैं किशोर बाबू?

किशोरनाथ ने हँसकर कहा-कहाँ बगदादी-ऊँट की तरह भागे जाते हो?

कहीं तो नहीं, यहीं समुद्र की ओर जा रहा हूँ।

समुद्र की ओर क्यों?

शरण माँगने के लिए।

यह बात मदन ने डबडबायी हुई आँखों से किशोर की ओर देखकर कही।

किशोर ने रुमाल से मदन के आँसू पोंछते-पोंछते कहा-मदन, हम जानते हैं कि उस दिन बाबूजी ने जो तिरस्कार किया था, उससे तुमको बहुत दुःख है। मगर सोचो तो, इसमें दोष किसका है? यदि तुम उस रोज मृणालिनी को बहकाने का उद्योग न करते, तो बाबूजी तुम पर क्यों अप्रसन्न होते?

अब तो मदन से नहीं रहा गया। उसने क्रोध से कहा-कौन दुष्ट उस देवबाला पर झूठा अपवाद लगाता है? और मैंने उसे बहकाया है? इस बात का कौन साक्षी है? किशोर बाबू! आप लोग मालिक हैं, जो चाहें सो कहिये। आपने पालन किया है, इसलिए, यदि आप आज्ञा दें तो मदन समुद्र में भी कूद पड़ने के लिए तैयार है, मगर अपवाद और अपमान से बचाये रहिये।

कहते-कहते मदन का मुख क्रोध से लाल हो आया, आँखों में आँसू भर आये, उसके आकार से उस समय दृढ़ प्रतिज्ञा झलकती थी।

किशोर ने कहा-इस बारे में विशेष हम कुछ नहीं जानते, केवल माँ के मुख से सुना था कि जमादार ने बाबूजी से तुम्हारी निन्दा की है और इसी से वह तुम पर बिगड़े हैं।

मदन ने कहा-आप लोग अपनी बाबूगीरी में भूले रहते हैं और ये बेईमान आपका सब माल खाते हैं। मैंने उस जमादार को मोती निकालनेवालों के हाथ मोती बेचते देखा; मैंने पूछा-क्यों, तुमने मोती कहाँ पाया? तब उसने गिड़गिड़ाकर, पैर पकड़कर, मुझसे कहा-बाबूजी से न कहियेगा। मैंने उसे डाँटकर फिर ऐसा काम न करने के लिए कहकर छोड़ दिया, आप लोगों से नहीं कहा। इसी कारण वह ऐसी चाल चलता है और आप लोगों ने भी बिना सोचे-समझे उसकी बात पर विश्वास कर लिया है।

यों कहते-कहते मदन उठ खड़ा हो गया। किशोर ने उसका हाथ पकड़कर बैठाया और आप भी बैठकर कहने लगा-मदन, घबड़ाओ मत, थोड़ी देर बैठकर हमारी बात सुनो। हम उसको दण्ड देंगे और तुम्हारा अपवाद भी मिटावेंगे। मगर हम एक बात जो कहते हैं, उसे ध्यान देकर सुनो। मृणालिनी अब बालिका नहीं है, और तुम भी बालक नहीं हो। तुम्हारे-उसके जैसे भाव हैं, सो भी हमसे छिपे नहीं हैं। फिर ऐसी जगह पर हम तो यही चाहते हैं कि तुम्हारा और मृणालिनी का ब्याह हो जाय।

-- --

मदन ब्याह का नाम सुनकर चौंक पड़ा, और मन में सोचने लगा कि यह कैसी बात? कहाँ हम युक्तप्रान्त-निवासी अन्यजातीय, और कहाँ ये बंगाली ब्राह्मण, फिर ब्याह किस तरह हो सकता है! हो-न-हो ये मुझे भुलावा देते हैं। क्या मैं इनके साथ अपना धर्म नष्ट करूँगा? क्या इसी कारण ये लोग मुझे इतना सुख देते हैं और खूब खुलकर मृणालिनी के साथ घूमने-फिरने और रहने देते थे? मृणालिनी को मैं जी से चाहता हूँ, और जहाँ तक देखता हूँ, मृणालिनी भी मुझसे कपट-प्रेम नहीं करती। किन्तु यह ब्याह नहीं हो सकता क्योंकि इसमें धर्म और अधर्म दोनों का डर है। धर्म का निर्णय करने की मुझमें शक्ति नहीं है। मैंने ऐसा ब्याह होते न देखा है और न सुना है, फिर कैसे यह ब्याह करूँ?

इन्हीं बातों को सोचते-सोचते बहुत देर हो गयी। जब मदन को यह सुन पड़ा कि 'अच्छा, सोचकर हमसे कहना', तब वह चौंक पड़ा और देखा तो किशोरनाथ जा रहा है।

मदन ने किशोरनाथ के जाने पर कुछ विशेष ध्यान नहीं दिया और फिर अपने विचारों के सागर में मग्न हो गया।

फिर मृणालिनी का ध्यान आया, हृदय धड़कने लगा। मदन की चिन्ता-शक्ति का वेग रुक गया और उसके मन में यही समाया कि ऐसे धर्म को मैं दूर ही से हाथ जोड़ता हूँ! मृणालिनी-प्रेम-प्रतिमा मृणालिनी-को मैं नहीं छोड़ सकता।

मदन इसी मन्तव्य को स्थिर कर, समुद्र की ओर मुख कर, उसकी गम्भीरता निहारने लगा।

वहाँ पर कुछ धनी लोग पैसा फेंककर उसे समुद्र से ले आने का तमाशा देख रहे थे। मदन ने सोचा कि प्रेमियों का जीवन 'प्रेम' है और सज्जनों का अमोघ धन 'धर्म' है। ये लोग अपने प्रेम-जीवन की परवाह न कर धर्म-धन को बटोरते हैं और फिर इनके पास जीवन और धन दोनों चीजें दिखाई पड़ती हैं। तो क्या मनुष्य इनका अनुकरण नहीं कर सकता? अवश्य कर सकता है। प्रेम ऐसी तुच्छ वस्तु नहीं है कि धर्म को हटाकर उस स्थान पर आप बैठे। प्रेम महान है, प्रेम उदार है। प्रेमियों को भी

वह उदार और महान बनाता है। प्रेम का मुख्य अर्थ है 'आत्मत्याग'। तो क्या मृणालिनी से ब्याह कर लेना ही प्रेम में गिना जायेगा? नहीं-नहीं, वह घोर स्वार्थ है। मृणालिनी को मैं जन्म-भर प्रेम से हृदय-मन्दिर में बिठाकर पूजूँगा, उसकी सरल प्रतिमा को पंङ्क में न लपेटूँगा। परन्तु ये लोग जैसा बर्ताव करते हैं, उससे सम्भव है कि मेरे विचार पलट जायँ। इसलिए अब इन लोगों से दूर रहना ही उचित है।

मदन इन्हीं बातों को सोचता हुआ लौट आया, और जो अपना मासिक वेतन जमा किया था वह-तथा कुछ कपड़े आदि आवश्यक सामान लेकर वहाँ से चला गया। जाते समय उसने एक पत्र लिखकर वहीं छोड़ दिया।

जब बहुत देर तक लोगों ने मदन को नहीं देखा, तब चिन्तित हुए। खोज करने से उनको मदन का पत्र मिला, जिसे किशोरनाथ ने पढ़ा और पढ़कर उसका मर्म पिता को समझा दिया।

पत्र का भाव समझते ही उनकी सब आशा निर्मूल हो गयी। उन्होंने कहा-किशोर, देखो, हमने सोचा था कि मृणालिनी किसी कुलीन हिन्द को समर्पित हो, परन्तु वह नहीं हुआ। इतना व्यय और परिश्रम, जो मदन के लिए किया गया, सब व्यर्थ हुआ। अब वह कभी मृणालिनी से ब्याह नहीं करेगा, जैसा कि उसके पत्र से विदित होता है।

आपके उस व्यवहार ने उसे और भी भडक़ा दिया। अब वह कभी ब्याह न करेगा।

मृणालिनी का क्या होगा?

जो उसके भाग्य में है!

क्या जाते समय मदन ने मृणालिनी से भी भेंट नहीं की?

पूछने से मालूम होगा।

इतना कहकर किशोर मृणालिनी के पास गया। मदन उससे भी नहीं मिला था। किशोर ने आकर पिता से सब हाल कह दिया।

अमरनाथ बहुत ही शोकग्रस्त हुए। बस, उसी दिन से उनकी चिन्ता बढ़ने लगी। क्रमश: वह नित्य ही मद्य-सेवन करने लगे। वह तो प्राय: अपनी चिन्ता दूर करने के लिए मद्य-पान करते थे, किन्तु उसका फल उलटा हुआ-उनकी दशा और भी बुरी हो चली, यहाँ तक कि वह सब समय पान करने लगे, काम-काज देखना-भालना छोड़ दिया।

नवयुवक 'किशोर' बहुत चिन्तित हुआ, किन्तु वह धैर्य के साथ सांसारिक कष्ट सहने लगा।

मदन के चले जाने से मृणालिनी को बड़ा कष्ट हुआ। उसे यह बात और भी खटकती थी कि मदन जाते समय उससे क्यों नहीं मिला। वह यह नहीं समझती थी कि मदन यदि जाते समय उससे मिलता, तो जा नहीं सकता था।

मृणालिनी बहुत विरक्त हो गयी। संसार उसे सूना दिखाई देने लगा। किन्तु वह क्या करे? उसे अपनी मानसिक व्यथा सहनी ही पड़ी।

-- --

मदन ने अपने एक मित्र के यहाँ जाकर डेरा डाला। वह भी मोती का व्यापार करता था। बहुत सोचने-विचारने के उपरान्त उसने भी मोती का ही व्यवसाय करना निश्चित किया।

मदन नित्य सन्ध्या के समय, मोती के बाजार में जा, मछुए लोग जो अपने मेहनताने में मिली हुई मोतियों की सीपियाँ बेचते थे-उनको खरीदने लगा; क्योंकि इसमें थोड़ी पूँजी से अच्छी तरह काम चल सकता था। ईश्वर की कृपा से उसको नित्य विशेष लाभ होने लगा।

संसार में मनुष्य की अवस्था सदा बदलती रहती है। वही मदन, जो तिरस्कार पाकर दासत्व

छोड़ने पर लक्ष्य-भ्रष्ट हो गया था, अब एक प्रसिद्ध व्यापारी बन गया।

मदन इस समय सम्पन्न हो गया। उसके यहाँ अच्छे-अच्छे लोग मिलने-जुलने आने लगे। उसने नदी के किनारे एक बहुत सुन्दर बँगला बनवा लिया है; उसके चारों ओर सुन्दर बगीचा भी है। व्यापारी लोग उत्सव के अवसरों पर उसको निमन्त्रण देते हैं; वह भी अपने यहाँ कभी-कभी उन लोगों को निमन्त्रित करता है। संसार की दृष्टि में वह बहुत सुखी था, यहाँ तक कि बहुत लोग उससे डाह करने लगे। सचमुच संसार बड़ा आडम्बर-प्रिय है!

-- --

मदन सब प्रकार से शारीरिक सुख भोग करता था; पर उसके चित्त-पट पर किसी रमणी की मलिन छाया निरन्तर अंकित रहती थी; जो उसे कभी-कभी बहुत कष्ट पहुँचाती थी। प्राय: वह उसे विस्मृति के जल से धो डालना चाहता था। यद्यपि वह चित्र किसी साधारण कारीगर का अंकित किया हुआ नहीं था कि एकदम लुप्त हो जाय, तथापि वह बराबर उसे मिटा डालने की ही चेष्टा करता था।

अकस्मात् एक दिन, जब सूर्य की किरणें सुवर्ण-सी सु-वर्ण आभा धारण किए हुई थीं, नदी का जल मौज में बह रहा था, उस समय मदन किनारे खड़ा हुआ स्थिर भाव से नदी की शोभा निहार रहा था। उसको वहाँ कई-एक सुसज्जित जलयान देख पड़े। उसका चित्त, न जाने क्यों उत्कण्ठित हुआ। अनुसन्धान करने पर पता लगा कि वहाँ वार्षिक जल-विहार का उत्सव होता है, उसी में लोग जा रहे हैं।

मदन के चित्त में भी उत्सव देखने की आकांक्षा हुई। वह भी अपनी नाव पर चढक्कर उसी ओर चला। कल्लोलिनी की कल्लोलों में हिलती हुई वह छोटी-सी सुसज्जित तरी चल दी।

मदन उस स्थान पर पहुँचा, जहाँ नावों का जमाव था। सैकड़ों बजरे और नौकाएँ अपने नीले-पीले, हरे-लाल निशान उड़ाती हुई इधर-उधर घूम रही हैं। उन पर बैठे हुए मित्र लोग आपस में आमोद-प्रमोद कर रहे हैं। कामिनियाँ अपने मणिमय अलंकारों की प्रभा से उस उत्सव को आलोकमय किये हुई हैं।

मदन भी अपनी नाव पर बैठा हुआ एकटक इस उत्सव को देख रहा है। उसकी आँखें जैसे किसी को खोज रही हैं। धीरे-धीरे सन्ध्या हो गयी। क्रमश: एक, दो, तीन तारे दिखाई दिये। साथ ही, पूर्व की तरफ, ऊपर को उठते हुए गुब्बारे की तरह चंद्रबिम्ब दिखाई पड़ा। लोगों के नेत्रों में आनन्द का उल्लास छा गया। इधर दीपक जल गये। मधुर संगीत, शून्य की निस्तब्धता में, और भी गूँजने लगा। रात के साथ ही आमोद-प्रमोद की मात्रा बढ़ी।

परन्तु मदन के हृदय में सन्नाटा छाया हुआ है। उत्सव के बाहर वह अपनी नौका को धीरे-धीरे चला रहा है। अकस्मात् कोलाहल सुनाई पड़ा, वह चौंककर उधर देखने लगा। उसी समय कोई चार-पाँच हाथ दूर एक काली-सी चीज दिखाई दी। अस्त हो रहे चन्द्रमा का प्रकाश पड़ने से कुछ वस्त भी दिखाई देने लगा। वह बिना कुछ सोचे-समझे ही जल में कूद पड़ा और उसी वस्तु के साथ बह चला।

ऊषा की आभा पूर्व में दिखाई पड़ रही है। चन्द्रमा की मलिन ज्योति तारागण को भी मलिन कर रही है।

तरंगों से शीतल दक्षिण-पवन धीरे-धीरे संसार को निद्रा से जगा रहा है। पक्षी भी कभी-कभी बोल उठते हैं।

निर्जन नदी-तट में एक नाव बँधी है, और बाहर एक सुकुमारी सुन्दरी का शरीर अचेत अवस्था में पड़ा हुआ है। एक युवक सामने बैठा हुआ उसे होश में लाने का उद्योग कर रहा है। दक्षिण-पवन भी उसे इस शुभ काम में बहुत सहायता दे रहा है।

सूर्य की पहली किरण का स्पर्श पाते ही सुन्दरी के नेत्र-कमल धीरे-धीरे विकसित होने लगे।

युवक ने ईश्वर को धन्यवाद दिया और झुककर उस कामिनी से पूछा-मृणालिनी, अब कैसी हो?

मृणालिनी ने नेत्र खोलकर देखा। उसके मुख-मण्डल पर हर्ष के चिह्न दिखाई पड़े। उसने कहा-प्यारे मदन, अब अच्छी हूँ!

प्रणय का भी वेग कैसा प्रबल है! यह किसी महासागर की प्रचण्ड आँधी से कम प्रबलता नहीं रखता। इसके झोंके में मनुष्य की जीवन-नौका असीम तरंगों से घिर कर प्राय: कूल को नहीं पाती। अलौकिक आलोकमय अन्धकार में प्रणयी अपनी प्रणय-तरी पर आरोहण कर उसी आनन्द के महासागर में घूमना पसन्द करता है, कूल की ओर जाने की इच्छा भी नहीं करता।

इस समय मदन और मृणालिनी दोनों की आँखों से आँसुओं की धारा धीरे-धीरे बह रही है। चंचलता का नाम भी नहीं है। कुछ बल आने पर दोनों उस नाव में जा बैठे।

मदन ने मल्लाहों को पास के गाँव से दूध या और कुछ भोजन की वस्तु लाने के लिए भेजा। फिर दोनों ने बिछुड़ने के उपरान्त की सब कथा परस्पर कह सुनाई।

मृणालिनी कहने लगी-भैया किशोरनाथ से मैं तुम्हारा सब हाल सुना करती थी। पर वह कहा करते थे कि तुमसे मिलने में उनको संकोच होता हैं। इसका कारण उन्होंने कुछ नहीं बतलाया। मैं भी हृदय पर पत्थर रखकर तुम्हारे प्रणय को आज तक स्मरण कर रही हूँ।

मदन ने बात टालकर पूछा-मृणालिनी, तुम जल में कैसे गिरीं?

मृणालिनी ने कहा-मुझे बहुत उदास देख भैया ने कहा, चलो तुम्हें एक तमाशा दिखलावें, सो मैं भी आज यहाँ मेला देखने आयी। कुछ कोलाहल सुनकर मैं नाव पर खड़ी हो देखने लगी। दो नाववालों में झगड़ा हो रहा था। उन्हीं के झगड़े में हाथापाई में नाव हिल गयी और मैं गिर पड़ी। फिर क्या हुआ, सो मैं कुछ नहीं जानती।

इतने में दूर से एक नाव आती हुई दिखायी पड़ी, उस पर किशोरनाथ था। उसने मृणालिनी को देखकर बहुत हर्ष प्रकट किया, और सब लोग मिलकर बहुत आनन्दित हुए।

बहुत कुछ बातचीत होने के उपरान्त मृणालिनी और किशोर दोनों ने मदन के घर चलना स्वीकार किया। नावें नदी-तट पर स्थित मदन के घर की ओर बढ़ीं। उस समय मदन को एक दूसरी ही चिन्ता थी।

भोजन के उपरान्त किशोरनाथ ने कहा-मदन, हम अब भी तुमको छोटा भाई ही समझते हैं; पर तुम शायद हमसे कुछ रुष्ट हो गये हो।

मदन ने कहा-भैया, कुछ नहीं। इस दास से जो कुछ ढिठाई हुई हो, उसे क्षमा करना, मैं तो आपका वही मदन हूँ।

इसी तरह की बहुत-सी बातें होती रहीं, और फिर दूसरे दिन किशोरनाथ मृणालिनी को साथ लेकर अपने घर गया।

-- --

अमरनाथ बाबू की अवस्था बड़ी शोचनीय है। वह एक प्रकार से मद्य के नशे में चूर रहते हैं। काम-काज देखना सब छोड़ दिया है। अकेला किशोरनाथ काम-काज सँभालने के लिए तत्पर हुआ, पर उसके व्यापार की दशा अत्यन्त शोचनीय होती गयी, और उसके पिता का स्वास्थ्य भी बिगड़ चला। क्रमश: उसको चारों ओर अन्धकार दिखाई देने लगा।

संसार की कैसी विलक्षण गति है! जो बाबू अमरनाथ एक समय सारे सीलोन में प्रसिद्ध व्यापारी गिने जाते थे, और व्यापारी लोग जिनसे सलाह लेने के लिए तरसते थे, वही अमरनाथ इस समय कैसी अवस्था में हैं! कोई उनसे मिलने भी नहीं आता!

किशोरनाथ एक दिन अपने आफिस में बैठा कार्य देख रहा था। अकस्मात् मृणालिनी भी उसी स्थान में आ गयी और एक कुर्सी खींचकर बैठ गयी। उसने किशोर से कहा-क्यों भैया, पिताजी की कैसी अवस्था है? काम-काज की भी दशा अच्छी नहीं है, तुम भी चिन्ता से व्याकुल रहते हो, यह क्या है?

किशोरनाथ-बहन कुछ न पूछो, पिताजी की अवस्था तो तुम देख ही रही हो। काम-काज की अवस्था भी अत्यन्त शोचनीय हो रही है। पचास लाख रुपये के लगभग बाजार का देना है; और आफिस का रुपया सब बाजार में फँस गया है, जो कि काम देखे-भाले बिना पिताजी की अस्वस्थता के कारण दब-सा गया है। इसी सोच में बैठा हुआ हूँ कि ईश्वर क्या करेंगे!

मृणालिनी भयातुर हो गयी। उसके नेत्रों से आँसुओं की धारा बहने लगी। किशोर उसे समझाने लगा; फिर बोला-केवल एक ईमानदार कर्मचारी अगर काम-काज की देख-भाल किया करता, तो यह अवस्था न होती। आज यदि मदन होता, तो हम लोगों की यह दशा न होती।

मदन का नाम सुनते ही मृणालिनी कुछ विवर्ण हो गयी और उसकी आँखों में आँसू भर आये। इतने में दरबान ने आकर कहा-सरकार, एक रजिस्ट्री चिट्ठी मृणालिनी देवी के नाम से आयी है, डाकिया बाहर खड़ा है।

किशोर ने कहा-बुला लाओ।

किशोर ने वह रजिस्ट्री लेकर खोली। उसमें एक पत्र और एक स्टाम्प का कागज था। देखकर किशोर ने मृणालिनी के आगे फेंक दिया। मृणालिनी ने फिर वह पत्र किशोर के हाथ में देकर पढ़ने के लिये कहा। किशोर पढ़ने लगा।

मृणालिनी!

आज मैं तुमको पत्र लिख रहा हूँ। आशा है कि तुम इसे ध्यान देकर पढ़ोगी। मैं एक अनजाने स्थान का रहनेवाला कंगाल के भेष में तुमसे मिला और तुम्हारे परिवार में पालित हुआ। तुम्हारे पिता ने मुझे आश्रय दिया, और मैं सुख से तुम्हारा मुख देखकर दिन बिताने लगा। पर दैव को वह भी ठीक न जँचा! अच्छा, जैसी उसकी इच्छा! पर मैं तुम्हारे परिवार को सदा स्नेह की दृष्टि से देखता हूँ। बाबू अमरनाथ के कहने-सुनने का मुझे कुछ ध्यान भी नहीं है, मैं उसे आशीर्वाद समझता हूँ। मेरे चित्त में उसका तनिक भी ध्यान नहीं है, पर केवल पश्चात्ताप यह है कि मैं उनसे बिना कहे-सुने चला आया। अच्छा, इसके लिए उनसे क्षमा माँग लेना और भाई किशोरनाथ से भी मेरा यथोचित अभिवादन कह देना।

अब कुछ आवश्यक बातें मैं लिखता हूँ, उन्हें ध्यान से पढ़ो। जहाँ तक सम्भव है, उनके करने में तुम आगा-पीछा न करोगी-यह मुझे विश्वास है। मुझे तुम्हारे परिवार की दशा अच्छी तरह विदित है, मैं उसे लिखकर तुम्हारा दुःख नहीं बढ़ाना चाहता। सुनो, यह एक 'बिल' है जिसमें मैंने अपनी सब सीलोन की सम्पत्ति तुम्हारे नाम लिख दी है। वह तुम्हारी ही है, उसे लेने में तुमको कुछ संकोच न करना चाहिये। वह सब तुम्हारे ही रुपये का लाभ है। जो धन मैं वेतन में पाता था, वही मूल कारण है। अस्तु, यह मूलधन, लाभ और ब्याज-सहित, तुमको लौटा दिया जाता है। इसे अवश्य स्वीकार करना, और स्वीकार करो या न करो, अब सिवा तुम्हारे इसका स्वामी कौन है? क्योंकि मैं भारतवर्ष से जिस रूप में आया था, उसी रूप में लौटा जा रहा हूँ। मैं इस पत्र को लिखकर तब भेजता हूँ, जब घर से निकलकर जहाज को रवाना हो चुका हूँ। अब तुमसे भेंट भी नहीं हो सकती। तुम यदि आओ भी, तो उस समय मैं जहाज पर हूँगा। तुमसे मेरी केवल यही प्रार्थना है कि 'तुम मुझे भूल जाना'।-मदन

यह पत्र पढ़ते ही मृणालिनी की और किशोरनाथ की अवस्था दूसरी ही हो गयी। मृणालिनी ने कातर स्वर से कहा-भैया, क्या समुद्र-तट तक चल सकते हो?

किशोरनाथ ने खड़े होकर कहा-अवश्य!

बस, तुरन्त ही एक गाड़ी पर सवार होकर दोनों समुद्र-तट की ओर चले। ज्योंही वे पहुँचे, त्योंही जहाज तट छोड़ चुका था। उस समय व्याकुल होकर मृणालिनी की आँखें किसी को खोज रही थीं। किन्तु अधिक खोज नहीं करनी पड़ी।

किशोर और मृणालिनी दोनों ने देखा कि गेरुए रंग का कपड़ा पहिने हुए एक व्यक्ति दोनों को हाथ जोड़े हुए जहाज पर खड़ा है, और जहाज शीघ्रता के साथ समुद्र के बीच में चला जा रहा है!

मृणालिनी ने देखा कि बीच में अगाध समुद्र है!

Lector House believes that a society develops through a two-fold approach of continuous learning and adaptation, which is derived from the study of classic literary works spread across the historic timeline of literature records. Therefore, we aim at reviving, repairing and redeveloping all those inaccessible or damaged but historically as well as culturally important literature across subjects so that the future generations may have an opportunity to study and learn from past works to embark upon a journey of creating a better future.

This book is a result of an effort made by Lector House towards making a contribution to the preservation and repair of original ancient works which might hold historical significance to the approach of continuous learning across subjects.

HAPPY READING & LEARNING!

LECTOR HOUSE LLP
E-MAIL: lectorpublishing@gmail.com